インデックスファンドとコーポレートガバナンス

（令和元年 11 月 20 日開催）

報告者 松 尾 健 一
（大阪大学大学院高等司法研究科教授）

目 次

i

JN046435

インデックスファンドとコーポレートガバナンス

弥永会長代理　今日は、神作会長が所用によりご欠席ですので、代わって私が進行役を務めさせていただきます。

　まだお見えでない方もおられますけれども、定刻になりましたので、第12回金融商品取引法研究会を始めさせていただきたいと思います。

　さて、本日は、既にご案内させていただいておりますように、松尾健一先生より「インデックスファンドとコーポレートガバナンス」というテーマでご報告いただくこととなっております。

　それでは、松尾先生、ご報告をよろしくお願いいたします。

［松尾（健）委員の報告］

松尾（健）報告者　大阪大学の松尾でございます。どうぞよろしくお願いいたします。

　タイトルは、今ご紹介いただいたとおりで、いろいろなところで議論になっていることかと思いますが、その中で私がよくわからないなと思っていたことを整理したというようなものですけれども、よろしくお願いいたします。

　資料①、資料②は、いずれも国内株式を対象とする投資信託あるいはETFに関するデータです。

Ⅰ．インデックスファンドの隆盛

1．インデックス型投資信託・ETF の運用額

　まず、現状を確認しようということなのですが、そもそも「隆盛」という言葉を使っていいのかという問題もあろうかと思います。日本の場合、ETF に関しては金融緩和という特殊な事情があるので、そのことは本来よく考えないといけないのかと思います。しかし、どのような理由によるにせよ、インデックスファンドが上場会社の株を持っているということには違い

ないと思いますので、留意はしつつも、基本的には諸外国との比較等において
ては同じように扱っております。

　日本のインデックスファンドですけれども、モーニングスターのウェブサ
イトより引用した資料①の〔表1〕と〔表2〕で、投信とETFについて、
それぞれインデックス型と、インデックス型を除くものとで純資産額の順に
並べて、トップ10までをあらわしています。〔表1〕がETFで、一番多い
TOPIX型のものが10兆円を超えています。

　インデックス型というのは、本来はいろいろなものがあり得ると思います
が、〔表1〕をごらんいただくと、TOPIXか、日経225、あとは日経400が
指標として用いられるものがほとんどです。

　投資信託のほうも、基本的にはTOPIXと日経225を指標にするインデッ
クスファンドが残高上位を占めているということがわかります。

　レジュメのほうに戻りまして、「インデックスを除く」の方で純資産額が
最も多いのは6000億円弱ということで、インデックスファンドを含めた順
位では10位にも入りません。インデックスファンドが残高の上では上位を
占めていると言えるかと思います。

　さらに、年金基金のほうを見ても、2018年度末の運用状況は国内株式が
計38兆円で、そのうち35兆円がパッシブ運用であると報告書には記載され
ております。

　先ほど申し上げたとおり、日本は金融緩和の影響もあってインデックス
ファンドが多くなっているのですが、アメリカでも同じような状況が見てと
れます。資料②の728ページのTable 1は、2009年から2018年までのアクティ
ブファンドとインデックスファンド、それぞれへの資金の流入を示した表で
す。2018年で見ると、インデックスファンドがMutualとETFに1720億
ドルということになっていて、ETFも足すとアクティブファンドに比べて
これだけの差があります。

　730ページのTable 2は、各ファンドの　ETFの上位を見たものですが、
上位2つが突出しています。その下を見ていただくと、幾つかのファンドに

分かれておりますけれども、Vanguard を１つにくくるとするとかなり額を
占めていて、最近の研究等では、ビッグ３と呼ばれています。

　次のページの Table 3 を見ていただくと、BlackRock、Vanguard、SSGA
というのがビッグ３と呼ばれていて、それを合わせた残高の推移が出ており
ます。

　このように、アメリカでもインデックスファンドに資金がかなり流れ込ん
でいるということと、寡占化というか、上位のファンドのふえ方が大きいと
いう状況にあるということです。

２．大株主としてのインデックスファンド

　レジュメのほうに戻りまして、１．２で、個別の企業におけるインデック
スファンドの持ち株比率をあらわしています。日本のデータは私にはなかな
かとれなかったのですが、たまたま日経新聞が今年の４月に日銀に関する記
事として、日銀が実質的に保有する株式の比率が高い企業を推計したものを
出していました。

　これは日経新聞の推計ですが、日銀はほぼインデックス型の ETF で持っ
ているということですので、１つのファンドか幾つかのファンドの合計分か
はわかりませんが、インデックスファンドの保有比率が 10％を超えている
上場会社がこのぐらいあり、５％以上の保有比率で見ても、それなりの数に
なるということで、各企業におけるインデックスファンドの株主としての重
要性も高まっていると言えるかと思います。

　アメリカも同じような状況で、資料②の 735 ページの Table 4 を見ると、
先ほど申し上げたビッグ３が、S&P500 を構成する会社でそれぞれ５％以上
の持ち株比率を持っているものの数が出ています。Vanguard に関しては、
S&P500 ですと、全社５％以上持っています。次の Russell 3000 のほうを見
ても、かなりの割合の会社でインデックスファンドが５％超の持ち分を持っ
ているということがわかります。ですので、各企業における株主としても、
インデックスファンドというのがかなり注目すべき存在になっているという

ふうに申し上げてよいかと思います。こういった状況を踏まえて、各所でいろいろなことが言われているわけです。

Ⅱ．コーポレートガバナンスにおける
　　　　プレイヤーとしてのインデックスファンド

1．インデックスファンドの特徴

　レジュメの2ページに参りまして、用語の確認をさせていただきます。

　パッシブ運用という言葉のほうが一般的なようにも思うのですけれども、パッシブというと何もしないということで、何もしないことが正当化されるみたいな議論もあって、ちょっと誤解を生むのではないかと思いました。ここではインデックス運用という言葉を使っております。これは、何か特定の指標をトラックして、それと同じパフォーマンスを上げるということです。指標は、先ほど見たとおり、市場全体の値動きを示す TOPIX とか、S&P500 とか、日経 225 というものが使われています。

　これに対してアクティブ運用というのは、もともとは特定の指標のパフォーマンスを上回るパフォーマンスを追求するものです。その反対が、もともとはパッシブの意味だったと思います。

　さらに、ここにアクティビストファンドというようなものが加わってきているというふうに理解しております。

　インデックスファンドは、今、ご説明したとおり、運用資産を構成する全銘柄の比率は特定の指標と同じように保たなければならないという制約があるので、ファンドに資金が流入する以上は、本来は買いたくない企業であったとしても買い増しを続けなければならないということですし、特定の会社だけを集中して売るということもできないという制約が、当然のことながらあります。

２．コーポレートガバナンスにおけるプレイヤーとしてのインデックスファンド

　近年、特にインデックスファンドに注目が集まっているのは、コーポレートガバナンスとの関係かと思います。そもそも機関投資家というのは、零細株主しかいない状況、分散が進んでいる状況で株主に生じる集合行為の問題、フリーライドの問題を克服できる存在としてコーポレートガバナンスの担い手として期待されてきました。

　中でもインデックスファンドについては、2017年の改訂の際に、スチュワードシップコードにも登場して、そこではパッシブ運用という言葉になっておりますが、パッシブ運用は投資先企業の株式を売却する選択肢が限られており、中長期的な企業価値の向上を促す必要性が高いことから、機関投資家はパッシブ運用を行うに当たって、より積極的に中長期的視点に立った対話や議決権行使に取り組むべきであるというようにされております。パッシブ運用――ここではインデックス運用と互換的に用いることにしますけれども、これがコーポレートガバナンスにおける株主権の担い手として期待されていると言ってよいかと思います。

　ここで理想的な株主権の行使主体、議決権行使を含むスチュワードシップ活動の主体として想定されているのは、中長期的に企業価値を向上させるインセンティブを持ち、情報に基づいて議決権を初めとする株主権を行使する主体です。このような主体として、インデックスファンドは期待されているというふうに言ってよいかと思います。

　一方で、いわゆる「伊藤レポート」では、「日本市場では機関投資家がパッシブ運用に偏っており、中長期的な投資家層が薄いことが指摘されている。市場全体のインデックス等の運用手法では、投資先企業の選別が行われず、企業と投資家の『協創』や『対話』促進にはつながらない」という記述があります。

　あるいは、元機関投資家の立場から「パッシブ運用の本質が市場平均の実績＋コストの圧縮である以上、丁寧なエンゲージメント・プロセスの実行を

求めるのは『ないものねだり』といえる」という指摘もあるところです。

　一方で期待されていながら、一方でそれは期待できないのではないかというような意見もあるところで、どうやって考えていけばいいのだろうというのが、私の疑問の出発点でした。

　3ページ目ですけれども、比較的最近出てきた、アメリカの著明な学者が書いた論文が2つ、いずれもコーポレートガバナンスのプレーヤーという観点から見たインデックスファンドについて、特にそのインセンティブに注目した研究と言ってよいかと思います。主にこの2つの論文と、そこに引用されているものとを参考にしてインデックスファンドとアクティブファンドの比較をしながら、コーポレートガバナンスにおけるプレーヤーとしてのインデックスファンドの特徴が一体どんなところにあるのかを考えてみようというのが、今日のご報告の趣旨でございます。

Ⅲ. インデックスファンドのスチュワードシップ活動に対するインセンティブ

1. スチュワードシップ活動費用とインデックスファンドのインセンティブ

　次にみるのは、インデックスファンドがスチュワードシップ活動に対してどのようなインセンティブを持ち得るのかということです。

　まず、インデックスファンドのインセンティブというふうな言い方をするときには、もう少し厳密に言うと、保有するファンドそのものではなくて、そこに指示を出す運用者がいるわけで、さらにもっと細かく言うと、スチュワードシップ活動、あるいは株主権行使に関する決定権限を持つ人がいるわけで、その人のインセンティブというものを見ることになろうかと思います。

　ですので、主に運用者を基準に考えてまいりますけれども、まず考えないといけないのは、スチュワードシップ活動の費用とインデックスファンドのインセンティブとの関係ということです。これもご案内のとおりかと思いますが、インデックスファンドの報酬構造を見てみますと、運用者の報酬は運用資産残高によって変動することになっております。したがって、運用資産

残高は運用資産の価値の増減、あるいは運用資産への資産の流出入によって変動することになります。報酬の比率は、資料①を見ていただきますと、かなり低いものもありますが、0.12％とか0.24％とか、0.2％前後のものが多いです。ETFですとそのぐらいになっておりますし、投信型ですともう少し高くなっております。もちろん、報酬は全て運用者が得るというわけではなくて販売会社などにも分配されるので、正確な数字は私は把握しておりませんが、運用者に入る報酬の比率はもっと小さくなります。

　報酬の比率はかなり小さいと何が起こるかというと、株主権行使あるいはスチュワードシップ活動によって運用資産の価値が増加すると見込まれる場合であっても、運用者がそれを実施するインセンティブを持つのは、見込まれる自身の報酬の増加額が実施にかかるコストを上回る場合のみになってしまいます。

　そうしますと、例えば運用資産が1億円増加すると見込まれて、高目に見積もって運用者の報酬比率が0.2％だとしても、増加する報酬額は相当小さい数字になってしまって、本来、運用資産、ファンド全体として見れば行われてよいはずのスチュワードシップ活動も行われないという意味で、インセンティブが過小になるということが指摘されています。

　また、前提として、そもそもスチュワードシップ活動によって企業価値が増加することはあり得ないというような考え方をとると、今日のこれからの話はそもそも成り立たないことになるので、あくまでここでは、スチュワードシップ活動によって投資先企業の価値が増加する場合があるとファンド自身あるいは運用者自身が考えて、そうであったとしても、なお報酬との関係では、スチュワード活動を行うインセンティブが過小になるということです。

　ただ、インセンティブが過小になるという問題は、必ずしもインデックスファンドだけに生じる問題ではなくて、およそファンドは運用残高の何％という報酬の取り方をしている以上、同様の問題は起こり得ます。ただ、アクティブファンドのほうが報酬比率がインデックスファンドよりは多少高くなっておりまして、1％から2％ぐらいのものがアクティブファンドの場合

は多いようです。もっと高いものもあり、インデックスファンドとの差はありますが、この問題は共通して生じ得るといえます。

　では、インデックスファンドとアクティブファンドでは何が違ってくるのかということです。

２．スチュワードシップ活動にかかる費用のファンド（投資者）負担

　今申し上げた、インセンティブが過小になるという問題は、スチュワードシップ活動にかかる費用をファンドのほうが負担する、つまり、報酬に上乗せして、究極的には受益者、投資者に負担してもらうことにすれば解決できるわけです。ファンドにとってプラスになると見込まれる限りは、つまり、費用を上回る利益が期待できる限りは、スチュワードシップ活動が行われると期待できることになります。

　そういう観点からすると、スチュワードシップコードの前文７のところで、「機関投資家による実効性のある適切なスチュワードシップ活動は、最終的には顧客・受益者の中長期的な投資リターンの拡大を目指すものである。したがって、スチュワードシップ活動の実施に伴う適正なコストは、投資に必要なコストであるという意識を、機関投資家と顧客・受益者の双方において共有すべきである」ということが示されておりまして、顧客・受益者のほうでも、これは負担したほうが自分たちにとってはプラスになるということを考えてほしいというメッセージかと思います。

　スチュワードシップ活動にかかる費用をファンド、受益者（投資者）負担とすれば、今の問題は解消もしくは少なくとも緩和されるはずなのですけれども、ここでよく言われるのがフリーライドの問題です。

　スチュワードシップ活動の成果は、投資先企業に投資する他のファンド等にも及びます。これは当然のことですが、ここまでですと、インデックスファンドに限らずアクティブ運用のファンドであっても、あるファンドが頑張った成果はインデックスファンドを含む他の投資家にも及ぶわけで、このことはインデックスファンドに特有の問題というわけではありません。

ただ、インデックスファンドは商品の内容による差別化は不可能で、ここがアクティブファンドと違うところです。TOPIXであればTOPIXをトラックできるようにポートフォリオを構成するわけですので、すぐにまねができてしまいます。

　となると、アクティブファンドですと、どの銘柄を入れてどの銘柄を外すというところで他者と差別化をして、他者と運用成績、パフォーマンスを競うということができるわけですが、インデックスファンド間では、商品の内容による競争、差別化というのが不可能となります。その結果、何が注目されるかといえば、投資者にとっての費用、すなわち信託報酬で、これが安いほうがいいということになります。

　ですので、先ほどの元機関投資家の立場の方からの、コスト圧縮がインデックスファンドの特性だという意見は、この意味であれば理解できるところです。

　さらに、スチュワードシップ活動の費用を投資者、ファンド受益者に負担させるとなると、今のように投資家からはどんどん魅力の薄いものになってしまうので、スチュワードシップ活動に費用をかけるほどインデックスファンド間の競争においては不利になってしまいます。このことは既に論文等でも指摘されているわけです。ただ、これらの論文では、あくまでこういうふうにスチュワードシップ活動の費用を投資者負担とすると競争上不利になるということから、インデックスファンド間の競争という観点からしても、インデックスファンドがスチュワードシップ活動をするというインセンティブは持てないとか持ちにくいという文脈で語られております。

　この点を、さらに進めて考えると、もしスチュワードシップ活動にかかる費用を信託報酬に上乗せして投資者に負担させた結果、資金が他のインデックスファンド、つまり、みずからはスチュワードシップ活動をせずにフリーライドして信託報酬を低いままに抑えたところに逃げていくということになると、資金が減って運用残高が減り運用者の報酬減につながるということになって、報酬の面からスチュワードシップ活動を行うことのディスインセン

ティブが生じるのではないかとも思います。

　スチュワードシップ活動にかかる費用を報酬に上乗せしたら他のところに
流出するという可能性がどの程度あるかはわかりません。現在、信託報酬あ
るいは運用者が報酬としているうちのどのぐらいがどういったもののコスト
なのかという割合がわからないので、費用の上乗せの影響は非常に小さい可
能性もあります。インデックスファンドの管理運用にかかる他の費用も、規
模の経済や範囲の経済のメリットを大きく受けるので、既に現状のように、
アメリカのビッグ3や我が国の残高10兆円を超えるようなファンドがある
状況では、費用を上乗せするからといって直ちに信託報酬の競争上不利にな
るような事態がどのぐらい生じるのかわかりません。むしろほかの管理運用
にかかる費用の割合が高く、そこを規模の経済で十分カバーできているとす
ると、新規参入というのはなかなか難しく、資金が他に流出するということ
も考えなくてもいいのではないかとも思います。これは、まだそうかもしれ
ないという段階です。

　また、仮に資金が流出するというシナリオが起こり得るとしても、インデッ
クスファンドとしてはスチュワードシップ活動をしないほうがいいというこ
とで全部がやめてしまうということは、簡単に予想できるわけです。そうす
ると、もしスチュワードシップ活動に企業価値を高めるという効果があると
考えている受益者、アセットオーナーがいるとすると、やめてもらったら困
ると考える投資者が出てくるということになろうかと思います。

　そうすると、今度はスチュワードシップ活動の費用を負担するから行って
ほしいと要求する投資者あるいはアセットオーナーと、費用負担を免れてそ
の成果だけを得たい、安い手数料のところに資金を入れる投資者あるいはア
セットオーナーが出てくるという、アセットオーナー間のフリーライドの問
題になるのではないかとも考えました。

　いずれにしても、スチュワードシップ活動にかかる費用を投資者に負担さ
せることが本当にできないのかどうかというのはまだわからないし、先ほど
見たとおり、報酬として得ているものの絶対額はかなり大きくなっておりま

す。10兆円ですと、0.2％でも200億円というような数字になるので、スチュワードシップ活動に費用をかけるインセンティブが過小になるという問題があるとしても、現在のかなり大きな運用資産の額を前提とすれば、なおインデックスファンドがスチュワードシップ活動に対するインセンティブを持つと考えられる場合もあるのではないかと思います。

3．運用者と投資対象企業との利害関係がインセンティブに及ぼしうる影響

　運用者と投資先企業の利害関係がインセンティブに及ぼし得る影響というもう1つの、運用者のインセンティブに影響する問題が、報酬構造以外に投資先企業との利害関係をめぐっても生じるということです。

　インデックスファンドの運用者とその投資先企業の間には、運用者と投資先という関係以外にも、さまざまな金融取引についての当事者関係が生じ得ます。アメリカの論文ですと、401（k）プランにかかる運用資産のうちビッグ3が運用しているものの割合は、BlackRockが14％、Vanguardが20％、SSGAが17％と、それなりの数字になっているということです。401（k）プランの資産の運用先としてどのファンドを選択するかは従業員によって構成される委員会が決定するということのようですが、その企業の経営陣の意向がその選択に影響する、あるいは、そのようにビッグ3が信じているということになると、ビッグ3が保有する当該企業の株式に係る議決権行使等が経営陣のご機嫌を損ねないようにという方向にゆがめられてしまうおそれがあるわけです。先ほどはインセンティブが量的に過小になるという話でしたが、こちらはインセンティブの質の問題として、経営陣寄りの方向で議決権等の権利が行使されてしまうのではないかということが指摘されております。

　こういった問題はもちろんアクティブファンドでも生じ得るわけですけれども、投資先企業が多いというか、網羅的に投資しないといけないインデックスファンドでは、こういう問題が生じる局面が多くなる、あるいは確率が高くなるということで、より深刻になり得るということは言えるかもしれま

11

せん。

　さらに、インセンティブに関しては、費用がどのくらいかかるかということも当然影響してきますので、スチュワードシップ活動にかかる費用から見て、アクティブファンドとインデックスファンドを比較してみました。

Ⅳ．スチュワードシップ活動費用における比較

1．Type A

　ここでは、ある論文に示された３つの類型に従って、スチュワードシップ活動を分けました。

　Type Aは、世間の注目を集めるような委任状争奪戦におけるエンゲージメントです。例えば、アクティビストファンドと経営陣が委任状争奪戦を展開していて、機関投資家（アクティブファンド、インデックスファンド）がいずれにつくかによって決着がつくというような状況が想定されています。これはアメリカですと年に20ぐらいはあると想定されているものです。

　こういった状況では、現経営陣側とアクティビストファンドのどちらが勝つかによって株価に大きな変化があると考えられます。そうすると、真剣に検討しないと、投資先企業の価値が大きく変動してくることになります。したがって、大規模なインデックスファンドであれば、対象企業における持ち株比率も高く、少なくともアクティブファンドと同等あるいはそれを上回っていることが多いはずなので、議決権行使を含むエンゲージメント活動、例えばアクティビストとの面談、さらに経営陣との面談というようなことを行うインセンティブは十分にあるのではないか。むしろ株価に大きな影響を与えるにもかかわらず、パッシブ運用だからという理由でこういうことをしないことは、運用者として許されないのではないかとも思います。

　エンゲージメントや議決権行使をする上で情報が必要になることについてですけれども、情報の量という点では、投資先企業の選定等を通じて個々の企業の情報をふだんから収集・分析しているアクティブファンドのほうが対象企業に関する情報を有している可能性は高いといえます。一から入手・分

析しないといけないインデックスファンドは不利になるようにも思います。

このような状況ですと、インデックスファンドも双方との面談とか公表された委任状勧誘資料などを通じて、少なくともどちらにつくかということを判断する上では十分な情報を収集できるのではないか。コストをかけて分析すれば、それを上回る便益が十分に期待できるのではないかと思います。

こういった状況での議決権行使あるいはエンゲージメント活動にかかるコスト——エンゲージメントというのかわかりませんが、面談等にかかるコストは、アクティブファンドとインデックスファンド、両者に優劣はないと考えてもいいのではないかと思います。

2．Type B

続いて Type B ですが、これは企業価値にプラスに働くと考えられているガバナンスのスタンダードを普及させるためのスチュワードシップ活動、例えばアメリカですと、買収防衛策を撤廃するとか、取締役の任期差を設けることを撤廃するとか、企業価値にプラスに働くこと、逆に言うと、それが企業価値の増大を妨げていることについてコンセンサスが得られているものについて、そのスタンダードからずれている会社を是正していくためのスチュワードシップ活動で、ここでは主に議決権行使が想定されております。

こういった活動においては、個々の投資先企業の情報は必ずしもそれほど重要ではなくて、その企業が機関投資家の間で普及させようと考えているガバナンスのスタンダードを満たしているかどうかということを判定できれば足りるのであって、それを判定し、それに応じて行動する仕組み、例えば議決権行使基準を策定して、それに基づく議決権行使をするという仕組みを構築できれば、全ての投資先企業にそれを適用できるので、投資先企業が多いほど範囲の経済のメリットを受けられることになります。その点では、インデックスファンドは投資先企業が多いですから、アクティブファンドに比べると有利だと言えようかと思います。

ただ、企業のほうから見て、こういった一定の基準に基づく機械的な議決

権行使が望ましくない結果、とりわけ機関投資家との関係において望ましくない方向に働くことも十分に考えられることではありますが、こういった活動に意味があるとすると、それにかかる費用はインデックスファンドのほうが費用対効果の面ではより有利であるというような分析はできようかと思います。

また、ある論文によると、アクティブファンドの多くが議決権行使、その多くはスタンダードを立てて、そこからずれているものについて反対の議決権行使をするといったType Bに相当するものだと思いますけれども、アクティブファンドは議決権行使助言会社の推奨にほぼ完全に従っていることが観察されるのに対して、ビッグ3について見ると、助言会社は利用しているけれども、その推奨どおりには議決権行使をしていない割合が高いとされています。自社のアナリスト分析に基づいて議決権行使をしているケースも、アクティブファンドに比べると多いということです。

議決権行使助言会社の影響力増大に問題があり得るとすると、運用資産が巨大で議決権行使にかかる費用を十分に吸収できるインデックスファンドが、Type Bの活動をすることは望ましいと評価できるのかもしれません。

3．Type C

続いてType Cです。Type Cの例は、いわゆるプライベートエンゲージメントです。Bebchukの論文によると、ビッグ3がプライベートのエンゲージメントを行っている投資先企業の割合は、ある年について見ると、全体の10％程度で、9割についてはプライベートエンゲージメントを行っていないという調査結果が出ておりました。しかも、プライベートエンゲージメントをしたところでも、その半数以上は年に1回きりで、プライベートエンゲージメントの絶対量としてはそれほど多くはないと考えられます。

さらに、インデックスファンドのプライベートエンゲージメントというのは、先ほどType Bで申し上げたようなスタンダードを設定して、それからずれているところについて、なぜずれているのかを聞くタイプのものが多い

ようで、一般にプライベートエンゲージメントとして想定される、投資先企業の業績不振を理由としてエンゲージメント活動を行ったというような事例は、エンゲージメント活動報告書を見ても確認できなかったということが示されております。

　アクティブファンドの場合、あるいはアクティビストファンドにとっては、特定の企業の業績不振の原因を特定し、それに対処する方法を分析することは、投資戦略上あるいは投資先企業の選別上不可欠であると思います。これに対し、インデックスファンドにおいては、業績不振の問題に対する行動をとるためだけにアクティブファンドやアクティビストファンドと同等またはそれに近い調査・分析を行わなければならないとなると、コストに見合う成果が得られないと運用者が考えていることから、数としては少ないということになってしまうのかもしれません。

　ただ、インデックスファンドによるプライベートエンゲージメントの数は年々ふえているということなので、現時点ではという留保つきの分析です。

Ｖ．対策

１．利益相反問題への対処

　これまでのところで、インデックスファンドあるいは機関投資家のスチュワードシップ活動における問題点があることが確認されたので、それへの対策として幾つか考えられること、あるいは、そこで生じる新たな問題があるということを見てまいりたいと思います。

　１つ目は利益相反問題への対処で、先ほど見たとおり、運用者が投資先企業との間で投資関係以外のビジネス上の利害関係を持つことによって議決権行使の方向性が企業寄りにゆがめられてしまうのではないかという問題がありました。それへの対処として、Bebchuk の論文では、運用者が投資先企業との間で投資先との関係以外の事業上の利害関係をもつことを禁止するというかなり徹底したもの、もう一つは、よりマイルドな提案として、運用者と投資先企業との利害関係を開示させるという提案をしております。

15

2つ目については、現在、アメリカでも利益相反管理の方針・体制を開示せよというルールがあるのですが、それでは不十分で、より個別具体的な利害関係を開示させることが必要だということが主張されています。

　これについては我が国でも、スチュワードシップコードの原則2のところで利益相反について触れられておりまして、「機関投資家はスチュワードシップ責任を果たす上で管理すべき利益相反について、明確な方針を策定し、これを公表すべきである」というように、アメリカやヨーロッパと同等のルールにはなっているといえます。

2．一括のスチュワードシップ活動
（1）一括のスチュワードシップ活動の意義

　一括のスチュワードシップ活動というのは何を意味しているかというと、運用者が複数のインデックスファンドを、さらには、インデックスファンドとアクティブファンドの双方を運用しているという状況は一般的なことで、ビッグ3も、もちろんインデックスファンドの運用残高が群を抜いて多いのですけれども、アクティブ運用のファンドも持っていることは持っております。そして、スチュワードシップ活動にかかる人員等はそれぞれのファンドごとに配置されているわけでは必ずしもなくて、運用者の特定の部門が一括して担当していることが我が国でも一般的なのではないかと思います。少なくとも大きなところになればなるほどそうではないかと思います。

　そうすると、アクティブファンドとインデックスファンドの双方を運用している運用者の場合は、投資先企業との対話において運用者が双方のファンドが有する株式の株主として、一括して、両方を代表する株主として行動することが可能になります。また、アクティブ運用のための情報収集・分析能力をパッシブ運用に用いるということができるので、スチュワードシップ活動の費用を節減することが可能になるのではないかということが、既に加藤先生のご論文等でも指摘されております。これは費用の節減という観点からすると、非常に効果的であるかと思います。

先ほど私はアクティブファンドとインデックスファンドを、スチュワードシップ活動にかかる費用の点で比較しましたけれども、このように一括して活動ができるとなると、いいとこ取りができるわけで、その点では非常に望ましいというふうにも言えそうです。

　ただし、このような一括のスチュワードシップ活動を行う場合には幾つかの課題も出てくるのではないかというのが次の話です。

（2）一括のスチュワードシップ活動における課題①
ーファンド間での費用負担の公平性の確保

　1つは、ファンド間での費用負担の公平性の確保が当然問題になるだろうということです。スチュワードシップ活動にかかる費用を各ファンドに配分して負担してもらうことにした場合、その配分の基準等を投資者に示さなければならなくなる可能性は非常に高いかと思います。そうすると、投資者から公平な分配になっていないということを理由として損害賠償等を請求されるリスクがどうしても高まるのではないかと言われております。

　現在もスチュワードシップ活動にかかる費用は究極的にはそれぞれの運用者が運用している各ファンドの受益者、投資者が負担していることには違いないわけで、費用配分の公平性の問題が生じていないわけではないのですが、今のところ特に大きな問題になっているようなことは私は知らないので、もしあれば、ぜひご教示願いたいと思います。

（3）一括のスチュワードシップ活動における課題②
ー同一運用者のファンド間の利益相反

　もう1つ、一括のスチュワードシップ活動を行う場合の課題として、同一運用者のファンド間の利益相反という問題が起こり得ると指摘されております。運用者が性質の異なる複数のファンドを運用していて、それらについて一括してエンゲージメント活動を行っていることは、エンゲージメント活動の効率性の観点からは望ましいと言えるのですが、一方でファンド間の利益相反の問題が生じるということが指摘されております。

　例えば、A社とB社の合併承認にかかる議決権行使に関して、合併により

シナジーが発生して両社の企業価値は増加するが、対価がA社にとって不利である場合に、両方の会社に投資しているインデックスファンドは、投資の割合にもよりますが、対価の不公正の問題による影響を受けない、あるいは、どちらかにしか投資していない場合よりは少なくとも影響が小さくなる可能性があります。したがって、シナジーが生じている以上、両方で賛成するという行動をとると考えられます。それに対して、不利な対価を受け取るA社にのみ投資しているアクティブファンドの場合は、当然A社の総会で反対の議決権行使をすべきでしょう。両方のファンドを1つの運用者が運用している場合、その株式についての議決権行使はどうしたらいいのだろうかということが問題になります。これがファンド間の利益相反です。

こういった場合の対処方法は、やはりあらかじめ定めておいたほうがいいのではないかと言われています。アメリカでは既にこれに似た事案が実際に発生していて、その際、Vanguard は、各ファンドの運用担当者に議決権行使に関する決定権限を与えたとされています。結果は、インデックスファンドの担当者は双方の会社でそのファンドが有する議決権について賛成の議決権行使をして、アクティブファンドは一方の会社については反対の議決権行使をしたというように、分かれたようです。こういったことにも対処しておかなければならなくなるのではないかということです。

3．エンゲージメント活動の開示

最後に、もう1つ、エンゲージメント活動を開示させよという提案が出ております。Bebchuk の論文では、2つの理由から、運用者によるエンゲージメント活動を開示することには意義があるのではないかと指摘されています。

1つは、他の投資者というか市場への影響で、エンゲージメント活動に関する情報が投資先企業の（運用者以外の）投資者の投資判断において重要な情報になるので、市場の効率性という観点からは開示したほうが望ましいとされています。

もう１つは、運用者が運用するファンドの投資者（受益者）が、運用者によるエンゲージメント活動の有効性をよりよく評価するためには、当然どういったエンゲージメント活動、あるいは、より広くスチュワードシップ活動を行っているのかという情報を開示することが必要になるだろうとされています。

　もっとも、後者については、ファンドの投資者（受益者）が１口当たりの投資額が少ない零細な投資者である場合、必ずしもエンゲージメント活動を評価するインセンティブを持つかどうかは疑問で、投資者によるインデックスファンド、あるいは、インデックスファンドには限らないけれども、ファンド運用者の評価はそれほどうまく働かないのではないかという指摘もあるところです。

　スチュワードシップコードの原則６において、「機関投資家は、議決権の行使も含め、スチュワードシップ責任をどのように果たしているのかについて、原則として、顧客・受益者に対して定期的に報告を行うべきである」としています。さらに、指針６―１で「運用機関は、直接の顧客に対して、スチュワードシップ活動を通じてスチュワードシップ責任をどのように果たしているかについて、原則として、定期的に報告を行うべきである」とあって、これは今申し上げたような観点から設けられたものかと思います。

　さらに、指針６―３では「機関投資家は、顧客・受益者への報告の具体的な様式や内容については、顧客・受益者との合意や、顧客・受益者の利便性・コストなども考慮して決めるべきであり、効果的かつ効率的な報告を行うよう工夫すべきである」となっています。恐らく運用者を評価するという観点からはスチュワードシップ活動を開示させることが望ましいけれども、顧客や受益者の中にはそれに興味を示さないというか、そんなことをするぐらいなら、それにコストをかけないで手数料を安くしてほしいと言う人もいるだろうということで、顧客ごとに考慮せよと言っているのかと思います。

　そうすると、大きな資金を一括して運用委託しているようなアセットオーナー、年金基金のようなところであれば、エンゲージメント活動の評価者と

して適切と言えるかもしれません。スチュワードシップコードではアセット
オーナーに対する記述もあり、それはこのような観点によるものだとすると、
スチュワードシップコードで対処されていると考えてよいのではないかと思
います。

　報告は以上です。どうぞよろしくお願いいたします。

討　議

弥永会長代理　大変貴重なご報告をありがとうございました。

　それでは、ただいまの松尾先生のご報告につきまして、どなたからでも結
構ですので、お願いいたします。

大崎委員　大変興味深い、しかも詳細なご報告、まことにありがとうござい
ました。それで、ちょっと問題提起というか、コメントをさせていただいて、
それに対して松尾先生のお考えを伺えればと思います。

　まず、前提の立て方として、アクティブファンドかパッシブファンドかと
いう区別の仕方だけだと、少し議論が深まらないのかなという感じを持ちま
した。ファンドの種類については、アクティブかパッシブかという分け方で
よいと思うのですが、スチュワードシップ活動にかかるインセンティブとか
効果ということを考える場合には、投資先企業における当該ファンドのシェ
アとでもいうか、どのぐらいの持ち分を持っているかによる違いが大きいの
で、その点も考慮する必要があると思います。

　もう１つは、パッシブファンドの場合は、今、世界の主要なインデックス
は大体時価総額加重平均になっているものですから、時価総額が極めて大き
い企業に対してはパッシブファンドは時価総額が小さい企業に対する場合と
は異なるインセンティブを持つのではないかなという気がしておりまして、
投資先における持ち分割合という象限と、話はどんどんややこしくはなって
しまうのですが、投資先企業が時価総額が大きいか小さいかという要素を入
れて議論したほうが丁寧になるのかなというのが、まず総論的感想でござい
ます。

その上で個別の論点について幾つかコメントしたいのですが、1つは、レジュメの4ページのスチュワードシップのフリーライド問題です。これは私、確かにそうだなと思う一方で、さっき申し上げたファンドの大きさということを考えると、スチュワードシップ活動というのは、基本的には出かけていって話をするとか、そのための事前準備をするとか、そういうコストは固定的であって、かつ運用資産の大小に全く関係ないというふうに考えると、極めて規模の大きいファンドにとってはコストは大して問題視するに値しないのかなと思いました。かつ、スチュワードシップ活動の効果ということでいくと、企業のほうからすると、自社に対する持ち分割合が大きい人に来られたときのほうが恐縮するというか、真剣に耳を傾けようということになるわけです。

　そうすると、非常に大きなインデックスファンドが、時価総額規模もかなり大きくて、したがって、そのインデックスファンドにとって利害関係が大きい会社に対してスチュワードシップ活動をして、かつ、それが当該投資先企業からみてもかなりな持ち分だという状況を考えると、相当強い効果を持つでしょうし、そういう効果が予想されるときは、コストも固定的だということを考えると、フリーライドというようなことを余り気にせずに積極的にやるのかなという気が、ちょっとしました。この辺、コメントをいただければと思います。

　もう1つは、レジュメの6ページで、アメリカの論文ではType Cのスチュワードシップ活動がインデックスファンドを余りやってないことがわかったというお話でしたが、これは日本についても調べればおもしろいのではないか。日本はまだそれほどデータそのものがないかもしれないので、ちょっとあれですが、今後日本でこういうことを考える場合、どう考えればいいのかなとちょっと思いましたが、日本の場合はType Aのエンゲージメントはほとんどないですよね。

松尾（健）報告者　ないですね。

大崎委員　ですから、たぶんアメリカのスチュワードシップ活動をやってい

21

た人たちは、Type A で忙しかったから Type C まで手が回らなかったということは大いにあるのなと思いました。他方、日本は、大変残念ながら、不祥事などで突発的に業績が悪化したりするような事象が、時価総額がかなり大きい企業でも散見されるというような風土があって、この風土の違いを考えると、日本ではインデックスファンドによる Type C 活動というのは、いろんな意味で期待できるというか、今後起きてくるのかなという感じがいたしました。

　断片的な話ばかりで申しわけないですが、もう1個、7ページで対策について議論していただいた利益相反の問題ですけれども、5ページに具体的な話が出ていました。401（k）プランにかかる運用資産選定がファンドの議決権行使等々に影響するのではないかということで、これは全くそうだなと思ったのですが、私は Bebchuk 先生等々がおっしゃっている対策に、やや違和感を持ちました。つまり、これはファンド側の問題ではなくて選定する企業側の問題なのではないかという気がするのです。要するに、選定する側の企業が、自社に対してどんな議決権行使をしたかを問題視するという逆恨みみたいなことではなくて、客観的にコストとかシステム上の接続がいいとか悪いとか、そういうことだけで対象ファンドを選定すれば済む話のような気もしていて、もし規制するのだったら、年金側を規制するべきではないかと思った次第でございます。

　それぞれ全然関係ない話で申しわけないですが、何かコメントをいただければと思います。

松尾（健）報告者　まず1つ目は大変重要なご指摘で、本来、私が申し上げることだったと思います。おっしゃるように、ファンドの規模とか、投資先企業での持ち株比率は当然重要です。きょうの報告の中でインデックスファンドとして想定していたのは、アメリカのビッグ3や、日本でも上位にあるものです。純資産残高が多く、かつ個別の投資先企業における持ち株比率もそれなりにあるものを前提としています。

　時価総額に関しては、アメリカの場合は、時価総額のかなり高いものだけ

で構成されるインデックスがあり、それを前提にしてよいと思います。日本の場合は、特にTOPIXになると、かなりばらつきが出てしまっていて、そこについて一律のエンゲージメントを求めるのは酷だという話は、あちこちで出ています。そこは日米を比較する上では見逃してはならない点であり、今後、比較研究を進める上では十分に留意しなければならないと思っています。

　フリーライドの問題も結局は今のこととつながってくるかと思います。日本でも、もっと時価総額上位のものに限った指標ができて、そこだけに、それなりの規模の大きなファンドが投資することを考えると、問題はかなり小さくなるかもしれません。

　Type Cとも関係しますが、今、日本でもプライベートエンゲージメントをやっているパッシブの投資家はふえています。ただ、決して網羅的にはやらずに選定してやっています。そのときの選定の基準は、時価総額、つまり自分たちの持ち分の価値に大きく影響しそうなものが選ばれており、費用対効果といいますか期待便益の大きさを考えてのことだと思います。そうすると、とりわけ日本でTOPIXを対象にしている場合、全体に対するプライベートエンゲージメントの割合が小さいということは、過度にマイナスに評価してはならないと思います。

　利益相反は、確かに選ぶほうの企業といいますか、影響を受ける投資先企業のほうも例えば401（k）の運用先の選定の仕方等は開示してしかるべきだと思いますが、両方でやったらいいのかなと思います。むしろ、私の報告との関係では、利益相反の問題を開示したとして、受益者がそういったことをちゃんと評価して行動してくれるのかということがあります。誰に対して利益相反を開示しているかというと、どちらかといえば監督官庁向けということになってしまう気もしました。

中東委員　大変興味深いご報告をありがとうございました。とりわけType Cとの関係で、先ほど大崎先生からも、日本では不祥事による業績悪化も多いというお話もありました。それとの関係で少しお伺いできればと思

います。

　もともとコーポレートガバナンスという観点で、米国でも80年代にパッシブなのかアクティブなのか、これによってどのように効果が違っているのかという議論があり、インデックスファンドではポジショニングがはっきりするということだと思います。その場合、例えばある会社の業績が非常に悪くなっていて、とはいえ日経225でもそうですけれども、インデックスに同業他社が多数組み込まれていて、会社間でパイの取り合いになっている、そのようなときにどうするのかという質問です。

　不祥事があったのであれば、それを直しましょうということかもしれませんが、業績を比べて、負けているほうは頑張りましょうというのであれば、パイの取り合いになってしまって、もう片方を下げるだけかもしれません。同業他社がインデックスに組み込まれている場合が多いと思いますが、そのときに一方に「頑張れ、頑張れ」と言うと、他方を相対的に落とすことにもなりかねないのではないでしょうか。先生のレジュメの3ページの式で言うと、運用資産の増加見込額×報酬比率がコストよりも上回っているかという点でも、1社は上げても、実は他社を下げている可能性もあるのではないか。その点はどう考えればよろしいのかという質問です。

松尾（健）報告者　相対的に落とすというのは、そこにかける費用を下げるということではなくて……。

中東委員　業績というか、株価なり企業価値なり、どちらでもいいと思いますが、片方を上げようと思うと、もう片方を下げてしまって、結局、トータルでは投入したコストに見合わないこともあり得るのではないかという趣旨です。

松尾（健）報告者　ご指摘の点は競争法の観点から今問題になっている点でもあると思います。不祥事等で下がったときにもとの水準に回復させるというのであれば、ほかのところからパイを取ってくることにはならないので、必ずしもそれによって他を下げることにはならないと思います。むしろ、自分が投資している同業の会社全部に「頑張れ」と本当に言っているのかとい

うことのほうが問題かもしれません。ほどほどに頑張って、みんな潰れないようにしろと言っているのではないかというのが問題だと言われている点かと思います。

　ただ、インデックスファンドに関しては、実際に事業方針にまで踏み込んでエンゲージメントをやっていないということなので、理論上はそうした話はあるのですが、実際にはそれほどのインパクトは今のところはないのではないかと思いますし、そのように書かれているものもありました。ただ、そうした問題は少なくとも理論的にはあり得るので、どの水準まで頑張ってもらうのがいいのかという点は問題であると思います。

中東委員　ありがとうございます。大変よくわかりました。

松井（智）委員　きょうはご報告ありがとうございました。レジュメの8ページ目の利益相反、利害が対立している場合についてお伺いします。

　第3段落で「このような場合の対処方法もあらかじめ定めておくべきである」と書かれていて、ここでは具体的に、それぞれのファンドがそれぞれの善管注意義務に従って独立に議決権行使をするという方法が書かれていますが、これはそのほかの方法も定めておけば許されるという意味で書かれているのか、それとも決め打ちで、このようにするべきであるというお考えなのか、お伺いできればと思います。

松尾（健）報告者　考えていたのは後者です。あらかじめ定めて、顧客に対して開示しておくべきであるという趣旨です。参考にした論文では、それぞれに行使させる、権限を与えるという方策以外に、議決権行使助言会社等の外部の者に判断を委ねて、それに従うという方法も示されていました。

松井（智）委員　その場合、複数のファンドであっても、全部一括して同じ方向にできるということでしょうか。

松尾（健）報告者　確かに各ファンドに判断させること以外には余り考えないほうがいいようにも思います。ただ、そもそも両社に投資している場合、全体としてよくなるから、一方に不利でもいいということが、会社法上望ましくないのかという点は考えないといけないと思います。その上で、どこま

25

でそれを規制するか、例えば日本ですと、特別利害関係株主の話が出てくるので、そちらの観点からも何か考えないといけないと思います。

弥永会長代理 報告の最後で、エンゲージメント活動の評価者として、どのようなものが適切なのかということに触れていただきましたが、実際に評価をする側のアセットオーナーは、エンゲージメント活動について、ある程度の受容をする範囲があり、あるゾーンの中に入っていれば、その中で多少活発なのか消極的なのかということについては余り関心がないのではないか。ちょっとの差ぐらいだったら——「ちょっとの差」が問題かもしれませんが、そこは無差別で、その結果、許容される範囲の中ではコストを下げてほしいというインセンティブがあるのではないかという気もするのです。そのあたりはどうでしょうか。

松尾（健）報告者 当然そのような考えのアセットオーナーはあり得ると思います。一方で、年金基金等ですと、どのような動機かはわかりませんが、スチュワードシップ活動については、「やりなさい」と委託者として言っているようです。差があることは、おっしゃるとおりですけれども、少なくとも全くしていないというのは許容しないのではないかと思います。

また、どのような観点からのスチュワードシップ活動を求めるかという問題もあります。最近ですと、ESG とかそういうものが出てきます。ESG の観点からの活動ですと金銭的リターンでの評価も難しいように思います。そうすると委託者側からの評価、監督は期待しにくいということになってしまうかもしれません。

河村委員 余り本筋の質問ではありませんが、レジュメの4ページの「投資者が支払う信託報酬等による競争」というところです。きょういただいた資料①を見ますと、必ずしも信託報酬等が低いところがお金を集めているわけではないと思うのです。そのあたりをどのように分析されているのか。これが第1点目です。

2点目は、一括のスチュワードシップ活動のところです。ここは先生がおっしゃるとおり、個別にファンドごとに見ていくというよりも、当該運用会社

におけるインデックスファンド、アクティブファンド、全てを含めた運用資産があって、一括でスチュワードシップ活動を行うコストがあって、トータルでの信託報酬等があって、レジュメの3ページ目の式、運用資産の増加見込額×報酬比率＞コストになるのであればやりますというのが、運用会社側の感覚ではないかと思っているのですが、実際にそうなのか。

　また、仮にそうだとしても、コストをインデックスファンドとアクティブファンドでどのようにつけていくのかということが、リサーチ費用をどのようにつけていくのかという話と同じように問題になるのは、おっしゃるとおりかと思います。今の実務ではどのように考えてコストをつけているのか。これは先生に聞くのが適切かどうかわからないのですが、ご存じであれば教えていただければと思います。よろしくお願いします。

松尾（健）報告者　まず1つ目ですが、おっしゃるように、資料①を見ても、資料②を見ても、必ずしも信託報酬の高低で残高の順位が決まっているわけではありません。投資家が何を基準に選んでいるのかは非常に答えにくい質問です。アメリカの例からすると、もう少し上位のファンドに集中するというか寡占化されてもいいのではないかと思いました。このようにたくさんのファンドに分かれるのは、販売体制等にどうしても影響を受けているのではないかと邪推しています。

　2つ目ですが、運用者にとっての費用便益は、複数のファンドをやっている場合、それぞれのファンドに運用者がいて、それぞれに報酬が決まっているという人員配置の仕方でなければ、恐らく一括して見るということになろうかと思います。そうなると、先生が指摘されたような問題が出てくるのですが、Type Bのような、市場の底上げにつながると信じられているような、どの会社にもこれをやると企業価値を高める効果があるというスチュワードシップ活動は比較的受け入れやすく、そのための費用は全ファンドに張りつけていいとか、運用残高に比例して割りつけていいとか、そうしたやり方ができるかと思います。

　個々の分析、リサーチ費用等は、本来、アクティブファンドが投資戦略上、

不可欠なものとして行っていて、それを他のファンドに利用されたときにどうやって費用を請求するのかということは非常に難しいのではないかと思います。残念ながら、そこは実際どのようにやっているか全く存じ上げないので、どなたかにぜひお教えいただきたいと思います。

松尾（直）委員　レジュメの1ページ目に日銀の例が挙がっていますが、日銀はアメリカの三大インデックスファンドと違って公的資金かつ公的機関なので、ちょっと次元が違うと思います。

　では、GPIFはどうしているのか。私は日本投資顧問業協会の「拡大版コーポレート・ガバナンス研究会」のメンバーでした。2016年6月23日の会合で、GPIFの方（理事・CIO）がプレゼンして、論点としてインデックスファンドの問題もあったように思います。議事録も公表されています。

　GPIFは年に1回スチュワードシップ報告書を出しています。2019年2月に出た2018年版に、「パッシブ運用におけるスチュワードシップ活動の強化」ということで、「新たなビジネスモデルのパッシブ運用受託機関の採用」とあって、採用された受託機関の提案によると、アクティブ運用のアナリストの知見を生かし、インデックスへのインパクトが大きい企業に変革を促すことで効率的にベータを上昇させる企業価値創造の観点から、エンゲージメント議題を特定し、エンゲージメントを行い、企業の競争力強化による収益性、さらには成長性の向上を目指すとされています。

　運用機関サイドの一般論として、論点になっているとおり、エンゲージメント活動には費用がかかり、特にGPIFの運用委託費用は非常に低額であることで運用業界では有名なようです。一般論ですが、個別のインデックスファンドの受託運用に当たって、スチュワードシップ活動を行うような受託機関に対して、そのことも考慮に入れた運用委託費用について工夫をすることもあり得るのかなと思いました。

　GPIFはこのようにいろいろ研究して努力をされようとしていると思うのですが、日銀は、先ほど日銀の議決権行使基準を見たら一般論しか書いていませんでした。日銀は議決権を行使しないのでしょうか。

大崎委員　日銀は基本的に ETF を保有しています。ETF は運用会社の議決権行使基準で議決権を行使します。

松尾（直）委員　野村さんが持っている投資信託であれば、野村さんが行使するということですね。

大崎委員　そうです。

松尾（直）委員　そうすると、各運用会社がしっかり議決権行使をしていればいい。ならば、日本の場合、問題は何なのか。

松尾（健）報告者　運用会社がしっかりしているかどうかという話です。

松尾（直）委員　インデックスファンドでも、一部の会社については方針を示していますが、各投信会社はどのようにやっているのでしょうか。

大崎委員　網羅的にちゃんと調べたわけではなく、私の理解ですが、ETF の運用をしているような割と規模の大きい運用会社は、各社が議決権行使基準を持っていますし、開示も基本的にはしていたはずで、積極的に議決権行使を行っています。

　年金が委託をして運用している場合、年金側の議決権行使基準でやるのか、委託先の議決権行使基準でやるのかが問題になりますが、ETF の場合は運用会社が設定した商品を購入するという形になっているので、仮に ETF の7割を持っている人がいたからといって、その人が自分の持っている ETF で「こういう議決権行使をしろ」と言うといったことは、基本的にはないのではないかと思います。

松尾（健）報告者　GPIF ですけれども、ビジネスモデルを提案させる方式を採用しますというのは、私も資料を見ました。恐らくそれは、スチュワードシップ・コードでアセットオーナーに対する記述が入ったときに、単に手数料というか信託報酬が安いからというだけで委託先を選ぶのではなく、スチュワードシップ活動にも目を配って委託先を決めなさいということに応えるための措置として、おやりになったのだと思います。

中東委員　松尾先生より実務の先生方にお伺いしたほうがいいのかもしれませんが、報酬について、教えていただきたいと思います。資料①の表1を見

ると、日経 225 を使っているものは報酬が高く、TOPIX を使っているものは低いように見えます。日経 225 を使うときと TOPIX を使うときで報酬が違ってくるのはどうしてでしょうか。

松尾（健）報告者　たしか日経 225 は加重平均になっていないので、計算がややこしいのではないかと思ったのですが、その辺は全部コンピューターですしね。

松尾（直）委員　僕は実務家なので、アメリカさんはいいとして、日本の場合、インデックスファンドがどれぐらいインパクトがあるのかとつい思ってしまうのです。誰が一番インデックスファンドを持っているのか。要は、国家公務員共済などを含め公的機関なら、スチュワードシップ活動をするようにとなれば、するしかないわけです。先ほどの話ですと、日銀は、何もやっていないのではなくて、一応各運用機関がちゃんと議決権行使をしているはずだということですし、GPIF もやろうとしている。逆に言うと、アメリカのように 3 社が独占的に大きいところのほうが、3 社の影響力が大きくなり過ぎて危ないのではないか。

　僕は大手ではないから別に経済界の味方ではありませんが、よく経済界が反対するのは、公的資金で自分たちの経営に介入されるのが嫌なのでしょう。国家権力が介入することになるので、その気持ちはわかります。しかし、日銀さんにとっては、各受託先の民間運用機関が適切に判断しているはずだという前提を置けば問題ない。実効性の問題を言い出すと評価できないから、実効性があるかどうかはともかくとして、一応やっている。GPIF もやろうとしている。そう考えると、僕は個人的には、アメリカのほうが 3 社の影響力が大き過ぎて怖いなという感があります。その辺、先生はどうお考えですか。

松尾（健）報告者　アメリカのビッグ 3 については、その力が大きいことが、ビッグ 3 を対象とする研究が盛んになっていることの 1 つの背景になっていることは、そのとおりかと思います。ただ、日本でビッグ 3 と比較すべきは野村さんや大和さんのような運用会社のほうで、きょうの報告は、運用会社

が適切にスチュワードシップ活動をやっているかどうかを検討するものです。寡占が進むのがいいのか、もっと分散したほうがいいのかということは、そのレベルで考えるべき問題かと思います。

松尾（直）委員　運用会社は一応「スチュワードシップ・コードにのっとってやります」と表明されています。大崎先生、インデックスはどうやっているのですか。アクティブで持っていようと、インデックスで持っていようと、分けていないのか。

大崎委員　私の理解するところでは、スチュワードシップ活動と言われているものや議決権行使は、現場にそれを主担する部署があり、その専任の人がいます。そういう人たちに話を聞くと、ファンドマネジャーとの意見交換はすることがあると言っています。もう1つは、例えばある運用会社が全部同じ議決権行使をするかというと、そうとは限らなくて、「委託先側の議決権行使基準によれ」という指示がある場合は違った行使をするということです。

　スチュワードシップ活動を例えばエンゲージメント、相手に会いに行くという局面に限定して考えると、これを会社でいろいろな人がやっているというのは余りないのではないかと思います。基本的には、専門の人がファンドマネジャーと同道することもあるし、そうでないこともあると思います。

松尾（直）委員　ということは、先ほどのGPIFへの提案に書いてあった、アクティブ運用における知見をパッシブ運用にどう生かすか。GPIFさんはめちゃくちゃ安いから、パッシブ運用独自では費用倒れになるという愚痴はよく聞きますが、社内で既存のアクティブ運用の知見を生かすことは可能だということで、先生の論点は、それを超えて、パッシブ運用でもっと積極的にやったほうがいいということでしょうか。

松尾（健）報告者　きょうは、そもそもそれを求められるのかどうかというレベルの検討のつもりでした。

松尾（直）委員　私は運用会社の本音を代弁できる立場にはありませんが、ご指摘のとおり、現状の委託費用では費用倒れになりそうです。指数が日経225ならまだいいですが、TOPIXは全上場企業なので、とてもできないと

いうことになるでしょう。

河村委員　今の話とも関連するかと思いますが、仮にインデックスファンドのほうのコストを安くしてしまって、そちらにお金が流れていくと、先生も2ページのところでお話しになったように、業績のよくない企業の株であっても買っていかなければいけなくなって、市場の規律づけによるガバナンスが機能しなくなってしまうという副作用のようなものもよく言われていると思います。それを考えると、余りインデックスファンドのコストを下げ過ぎてしまって、マクロで見ると、市場の規律づけが働かないような状況になっているのであれば、それは是正しなくてはいけないのではないか。そのあたりを先生はどのようにお考えでしょうか。

松尾（健）報告者　そういう状況になれば、本来はアクティブファンドが出てきて、そこが競争上、優位に立って資金を集められるはずです。もっとも、平均すると、インデックスファンドのほうがアクティブよりもパフォーマンスがよいということが言われていることを考える必要があるかと思います。

河村委員　まさしく今おっしゃったとおりだと思います。インデックスのほうにお金が流れ込むので、本来そちらにつけるべきコストをアクティブに回してしまっている。それゆえアクティブのほうではより高いリターンを出さないとプラスにならない。それでインデックスファンドのほうが平均で見ると成績がよくなってしまっている。そのような可能性があるのではないかという気がしたのですが、それはちょっと行き過ぎでしょうか。

松尾（健）報告者　報酬差し引き後のリターンだけでなくて、運用のパフォーマンス自体、パッシブのほうがいいという結果が出ているので、必ずしもそういうことでもないのではないかと思います。

加藤委員　資料①で、国内株式のインデックス型 ETF の純資産額上位 10本をご紹介いただきました。国内株式のインデックス型 ETF の規模はその他の ETF と比較するとどの程度なのでしょうか。アメリカの資料は、ETF全体を対象としたランキングで、決してインデックス型に限られているわけではないと思います。日本の現状において、インデックス型 ETF の規模は

どの程度のものなのか、確認できたらと思います。

　また、レジュメの7ページの、一括のスチュワードシップ活動としてまとめられているところで、実際に日本の大手運用会社では、アクティブファンドとインデックスファンドの両方を運用していて、スチュワードシップ活動も区別せずに行っているとすると、あえてインデックスファンドに着目して、いろいろな制度設計を考える意味はあるのか、松尾先生のご意見を伺えればと思います。

松尾（健）報告者　資料①は、インデックス型と非インデックス型をまぜて純資産残高で並べかえても、変わりません。非インデックス型は、ここには入ってこられないほど純資産額が少ないということです。

　2点目のご質問については、確かにインデックス運用とアクティブ運用を合わせてやっているところは多いのですが、「比率の上では圧倒的にパッシブが多い」というところと、「個別のアクティブ運用だけをやっている」というところに分かれるので、今のところは、観察の出発点として、まずは2つを分けて見ていくことが必要ではないかと思っています。

宮下委員　レジュメの5ページの Type A の場合におけるスチュワードシップ活動についてご質問があります。ここで具体例として挙げられている、委任状争奪戦が行われている場合のエンゲージメント活動としては、面談等によりアクティビストと経営陣の双方から話を聞いて情報収集し、最終的に議決権行使をするということだと思うのですが、そのエンゲージメント活動が成功したかどうかは、結局、その議決権行使の結果として、当該企業の企業価値が向上したのかどうかにより判断されることになると思います。

　この場合に、単純に大手の議決権行使助言会社の判断に従って議決権行使をするのではなく、みずから独自に情報収集して判断し、議決権行使をすることのほうが正しい議決権行使を行うことができるということは、誰にも言えないように思います。大手の議決権行使助言会社は、委任状争奪戦が行われている案件の多くで、アクティビスト・経営陣との面談等を行い、議決権行使についての意見を出していると考えられるため、少なくとも、委任状争

奪戦が行われている状況における判断の経験・ノウハウがあるということは言えると思いますが、そうであるにもかかわらず、議決権行使助言会社の判断に従うのではなく、みずから独自に判断を行うことによって、より正しい議決権行使が行われやすくなるということがなぜ言えるのか、そこがわかりませんでした。

仮にそのように言えないのだとすると、少なくとも Type A の場合においては、スチュワードシップ活動をすることが必ずしも正しいということにはならなくなるのではないかと考えました。Type B、Type C の場合は、スチュワードシップ活動をした結果、企業価値が向上する可能性があるということを、少なくとも抽象的には言いやすいと思いますので、スチュワードシップ活動をすることが正しいことであると言えそうに思いますが、Type A の場合、議決権行使の結果が正しかったのかどうかによってスチュワードシップ活動の成否が判断されることになるので、そうだとすると、スチュワードシップ活動を行うことが正しいことだと言えるのかどうか、わからなくなってしまった次第です。

松尾（健）報告者 その点は余り考えていませんでした。きょうの報告との関係で言うと、議決行使助言会社にお金をかけること自体もスチュワードシップ活動の1つということになると思います。何もお金をかけないで、ある情報だけで議決権行使をしてしまうのが最も望ましくない状況であり、それと比較することになるかと思います。

外部の機関の評価に従うのがいいのか、自前でやるのがいいのかを事後的に評価するというのは、もし自前で分析した結果が議決権行使助言会社の助言どおりだったとして、最初から助言会社を使ったほうが費用が安く済んだとなると、次からはそちらを使うことになるのでしょうか。そこは余り考えていなかったところですが、必ずしも全部自前でやるのがよいという趣旨ではなくて、何かしらお金をかけて情報を分析した上で議決権を行使する、そうした方向のインセンティブを持ってもらえるかどうかということです。

宮下委員 委任状争奪戦の際は、大手の議決権行使助言会社の意見は、いず

れかの当事者によって公表されることが多いので、それに従えば、自ら積極的な活動を行わなくても議決権行使についての判断はできるという側面があるのかなと思ったのです。

松尾（健）報告者　参照した論文には「公表情報に基づいて」と書いてあるので、恐らくそのような意見も含む趣旨だったのを、私は委任状勧誘資料等に限定してしまいました。公表情報も含むとすると、ファンドの運用のスタイルによって、情報収集コストに特に差はないということになろうかと思います。

松井（秀）委員　きょうのお話で、インデックスファンドに関するコーポレートガバナンスの議論が非常に整理された感じがしています。これを踏まえて1点お伺いしたいと思います。

　きょうの先生のご検討を踏まえると、我が国のスチュワードシップ・コードはどう位置づけられるのでしょうか。先生は注意深くニュートラルに書いていらっしゃる感じもしましたが、インデックスファンドを含めてスチュワードシップ・コードでスチュワードシップ活動をしてほしいと求めている。しかし、理論的研究を見ていくと、そもそもこれには限界があるということで、非常に悲観的な話に進んでいってしまうのかもしれません。あるいは、むしろそのような限界があるからこそ、コードという形で緩やかなエンフォースメントの機能しか持っていないけれども期待すべきである、そしてこれをよりブラッシュアップしていくべきであるという方向に進んでいくべきなのかもしれません。この点について先生は、どのように位置づけながら見ていらっしゃるのでしょうか。あるいは、今回検討をされて、何か位置づけ方が明確になってきましたでしょうか。このあたりについては、恐らくまだ検討の途中でもあるのだと思いますが、先生のご感触のようなものがあればお伺いしたいと思います。

松尾（健）報告者　そこが研究の到達点として目標にしているところです。現在は途中ですが、今のところ、スチュワードシップ・コードは非常に表現が練られていて、どっちにでも解釈できるようなところがあります。

例えばスチュワードシップ活動にかかる費用を運用者だけが負担するのは
おかしいのではないか、投資家、受益者も負担してしかるべきであるという
趣旨のことは書かれています。もしスチュワードシップ活動の費用を投資者
負担とした場合、インデックスファンド間のフリーライドの問題が起きると
いうことがあるとすれば、投資者負担をするという方向で緩やかにせよ義務
づけることは、フリーライド問題の解決策として意味があるのではないかも
と思います。一方で、スチュワードシップ・コードは、もともと強制的なも
のではないですし、表現の上でも投資家も「認識を共有すべきである」とい
う形になっていて、投資家も費用を「負担しろ」とまでは言っていません。
その意味では、評価が難しいところがあるというのが正直なところです。

松井（秀）委員　インデックスファンドが持ち得るスチュワードシップ活動
の微妙さということはありますね。何らかのインセンティブはあるけれども、
そのインセンティブは非常に弱い。あるいは、それに付随してフリーライド
問題を抱えているけれども、それでも何らかの活動を求めたい。このような
ときに、スチュワードシップ・コードのような非常に緩やかな形がいいのか
どうか。クリアに「ガバナンスしてくれ」と言うのであれば、緩やかである
必要はなく、義務づけることもできます。他方で、ガバナンスに向けたイン
センティブがあるならば、義務づけなくても自主的にやるのではないか、と
いうこともあります。結局のところ、この点が曖昧だからコードのような緩
い形になっているのではないか。インセンティブと規律の在り方との間には
こうした関連性もあるような気がして、このあたりについて先生にご研究を
進めていただければ、私も勉強になるなと思いました。

松尾（健）報告者　ありがとうございます。参考にさせていただきます。

尾崎委員　レジュメの５ページで、スチュワードシップ活動の費用について、
Type A、Type B、Type C に分けて説明されました。これは費用の比較の
話なので、アクティブファンドが得意なものと、インデックスファンドが得
意なものがあるのではないかということで、トータルとしてアクティブファ
ンドとインデックスファンドがうまく役割分担してお互いに活動を補い合え

36

ば、よりよいスチュワードシップ活動ができるのではないかという市場全体の観点から見た、比較優位をどういかすかというような議論だと思うのです。

　インデックスファンドに対してもっと何かするよう要求するのは、市場全体がそれによってよくなるからという理由なのか、それとも単純に今インデックスファンドがサボっているから、もうちょっと頑張れという理由なのか。単純にインデックスファンドがサボってパフォーマンスが悪いから上げてくださいという話ではないとして、他のファンドとうまく協力すれば市場全体がよりよくなるのにそれができていないといったときに、先ほど来の議論を伺っていても、インデックスファンドに協力させる根拠が余りよくわかりませんでした。どのようなロジックでインデックスファンドにもっと積極的に活動をするということを法政策、制度として要求していいのか、どのように考えればいいのでしょうか。

松尾（健）報告者　そもそも現在のインデックスファンドのスチュワードシップ活動の水準が高いのか低いのか、その評価がまず難しいということかと思いますが、Type A、Type B、Type C のところで言いますと、Type B のようなものはインデックスファンドにかなり向いているのではないか。例えばガバナンスのスタンダードを考えると、日本ではガバナンス・コードがそうだと思います。あらゆる会社においてそれに近いものを取り入れると企業価値が上がるということであれば、まさに市場全体の底上げにつながります。それを実現するような活動にはインデックスファンドが非常に向いていると思います。アクティブファンドは、長期的に効果が現れるようなガバナンスの仕組みには余り関心を持たないかもしれないので、名宛人としてはインデックスファンドが適切ではないかと思います。

　さらに、インデックスファンドは本来、こうしたらきっと企業価値が上がるだろうというスタンダードの策定自体にもかかわってしかるべきかと思います。そういうところにこそ協働のエンゲージメントで、みんなにプラスになるものを考えましょうということを期待していいのではないかと考えています。ただ、先ほど加藤先生からもご指摘があったように、運用者はいろい

ろなファンドをやっているということですので、そもそも今後そのように分けて考えていくこと自体がいいのかということも同時に考えなければいけないと思っています。

松尾（直）委員　余りしゃべると、議事録修正が大変になって、よくないのですけれども（笑）、昔、金融庁にいたころ、運用の指図に投信会社の議決権行使が入るかどうかという論点があって、ある学者の先生に聞いたら「入る」と言われたので、入ると解釈しています。そうすると、運用会社は善管注意義務と忠実義務を負っていて、議決権の適切な行使は善管注意義務ですから、法的にはインデックス投信も議決権を適切に行使する義務があるわけです。

　ただ、インデックスの場合、先ほど来のお話で、買わざるを得ない。不祥事が起きても起きそうでも売れない。だから、議決権行使をするしかなくて、詳細は承知していませんが、現に反対票も投じられていると思うのです。そうすると、先生の問題意識は、議決権行使を超えてスチュワードシップ活動をするほうがいいかどうかということなのでしょうか。

松尾（健）報告者　先ほどの尾崎先生のご質問への答えにもなりますが、インセンティブという観点からすると、あくまで投資として期待便益が費用を上回るのでないと、しなくていいはずであって、それ以上のものを何かさせることは、それを正当化する根拠がない限りは政策としてもできないはずです。

　インセンティブという観点からしても、インデックスファンドはスチュワードシップ活動をするインセンティブを持つはずがないとまでは考えなくてもいいのではないかというのがきょうの報告です。ときには、乱暴に、パッシブなのだからそもそもスチュワードシップ活動は一切やらない、それがパッシブ運用の本質だということで切り捨てられているようなものを目にするのですが、決してそうではない。あくまでファンドにとって期待便益があると考えられる場合には、スチュワードシップ活動を真剣に検討しないといけないという意味での義務づけを考えているということです。

松尾（直）委員　法的に論点を絞ると、パッシブ運用だから投資者の善管注意義務がないかというと、そんなことはありません。善管注意義務の果たし方は別に議決権行使に限定されるわけではないです。どういう場合に発動されるかは別問題ですが、全く任意で善管注意義務は関係ないという議論でもないような気がします。

武井委員　何点かあります。

　1点目は、ここに出てきていない周辺の話の1つとして、今アメリカで強化しているフィデューシャリー原則をどう考えるか。できるだけコストを安くして儲けろという風が当たっているのをどうするかということとの調整問題が1つあります。

　2つ目は、今、松尾さんがおっしゃったこととも絡みますが、議決権行使助言会社に関して、アメリカはこの数カ月で、議決権行使助言が勧誘に該当するとして規律を示し始めました。フィデューシャリー原則にも絡みますが、どう考えるかということです。

　議決権行使助言会社の話がなぜ今日の話に絡むかといいますと、インデックスファンドが増えて一番起きていることは、議決権行使助言会社の社会的影響力の増大です。これは客観的に起きていて、これをどうしようかという話が根本的に出てきています。今日の議論ではどちらかというとビッグハウスの話が多かったのですが、ビッグハウス以外のインデックスですと議決権行使助言会社の話になります。現実問題として、海外の会社の株式の議決権行使に、いちいち人を割く合理性がなく、それこそフィデューシャリー原則上、割くことは難しいわけで、だからこそ議決権行使助言会社の影響力が高まるわけです。日本で言うと、海外機関投資家の方でビッグハウスでない方々の保有比率が顕著に増えている中で、議決権行使助言会社の影響力をどう考えるかという論点です。これまでは欧州が先行していましたが、アメリカがここにきてかなり深いところに踏み込んできています。

　3つ目は、コストセーブの要請がいろいろ厳しい中で、この話は株主属性の中でインデックスの株主になる方々だけ切り取った話なのか。例えば

HFT のような株主もいる中で、そもそもその方々がコストをかけて議決権行使をすることは考えがたい。議決権行使には元々手間とコストがかかります。いろいろな株主の属性の中で、インデックス化している人にどこまでの対応を期待するのがよいのか。少なくとも経済合理性から乖離した世界を投資家に求めてもなかなかうまくいかない。そこをどうするかという話です。

　第四に、そうした中で、インデックスファンドに親和性が高いのは、どちらかというとユニバーサルなテーマでしょう。全ての上場会社、全てのTOPIX 企業で前に進んだらその企業価値が上がりそうなテーマであれば、経済合理性に照らしても親和性が出てくる。公的年金が ESG と言っているのも、ESG がユニバーサルなテーマであることがあります。皆の底上げが図れそうなテーマ、みんなで地球環境をよくしよう、社会をよくしようというテーマです。なのでテーマごとに差があるように思います。

　そこから先、ガバナンスの各論的なテーマとなったときには、たとえば社外取締役を増やして企業価値が上がるのかということに関しては、アメリカでも結論が分かれています。インデックスファンドが何をガバナンスするかという中で、いろいろなテーマごとに向き不向きがあり、今少なくとも世界で動いている話は ESG 的なものだと思います。ESG も中身はいろいろあって各論まで降りてくるとなかなか難しい話も出てくるのですが、ざっくりとした印象論として、地球環境をよくしようとか、全部の上場会社でやったほうがいいということに関して親和性のある議論があって、そこに関してインデックスはもっと頑張れという話になっていくわけです。

　逆のベクトルの話ではコモンオーナーシップの議論のように、共通株主がいるから消費者価格が上がってしまうなどの議論が一部に出てくるわけですが、少なくとも地球がよくなる、社会がよくなるということに関しては、機関投資家にもう少し頑張ってもらうべきという方向で話がまとまっているのだと思います。

　以上、幾つか感想だけ申し上げました。

松尾（健）報告者　私も感想だけですけれども、まずビッグ３以外のところ

の話は
決権行
す。

それ
うとこ
機関投
れるの
弥永会
りまし
どうも
次回
の午前
会場は
す。本
それ
ござい

そちらも入れるべきで、そこでは議
うのはおっしゃるとおりかと思いま

Type Bが比較的優位ではないかとい
値を持つと言われているものが主に
のは、同じ趣旨の話であると考えら

うございました。ちょうど時間も参
終了させていただきます。松尾先生、

ございますように、来年2月10日
報告をいただく予定になっています。
、8階の日証協第1会議室となりま
ご注意いただければと思います。
とさせていただきます。ありがとう

インデックスファンドとコーポレートガバナンス

2019.11.20

大阪大学　松尾　健一

1　インデックスファンドの隆盛

1．1　インデックス型投資信託・ETF の運用額

【日本】

資料①〔表1〕・〔表2〕

なお、非インデックス型の投信のうち最も純資産額の高いものは 593,206 百万円

＊GPIF の 2018 年度末の運用状況

国内株式	計	38 兆 6,556 億円
	パッシブ運用	35 兆　151 億円
	アクティブ運用	3 兆 6,405 億円

【アメリカ】

資料②　P.728 Table 1; P.730 Table 2

1．2　大株主としてのインデックスファンド

【日本】

＊日銀が実質的に保有する株式の比率が高い企業（日本経済新聞 2019 年 4 月 16 日朝刊）

・日東電工　15.3%　　・ファナック　　12.7%　　・オムロン　　　12.5%

・日本ハム　12.2%　　・宝 HD　　　　11.7%　　・東海カーボン　11.0%

・安川電機　10.3%　　・サッポロ HD　8.0%　　・ユニチカ　　　6.7%

（日銀の ETF の年間買入額 6 兆円のうち 5.7 兆円はインデックス型 ETF）

【アメリカ】

資料②　P735 Table 4

1

2　コーポレートガバナンスにおけるプレイヤーとしてのインデックスファンド
2．1　インデックスファンドの特徴
〔用語の確認〕
・インデックス運用：特定の指標のパフォーマンスと同一のパフォーマンスを追求する。
　　　　　　　　　　指標は一般的には市場全体の動向を示すものが用いられる。

・アクティブ運用：特定の指標のパフォーマンスを上回るパフォーマンスを追求する。
　　　　　　　　　―アクティビスト

〔運用上の制約〕
・運用資産を構成する全銘柄の比率を変えないように売買しなければならない。
＝ファンドに資金が流入すれば業績の良くない企業の株式も買い増さなければならない。

2．2　コーポレートガバナンスにおけるプレイヤーとしてのインデックスファンド
・機関投資家―集合行為問題を克服できる存在
　なかでもインデックスファンドについては、
「パッシブ運用は、投資先企業の株式を売却する選択肢が限られ、中長期的な企業価値の向上を促す必要性が高いことから、機関投資家は、パッシブ運用を行うに当たって、より積極的に中長期的視点に立った対話や議決権行使に取り組むべきである。」(SS コード〔改訂版〕指針 4 − 2）とされるなど、コーポレートガバナンスにおける株主権の担い手として期待されている。

　理想的な株主権の行使主体
　　―企業価値を向上させるインセンティブをもち、情報にもとづいて議決権をはじめとする株主権を行使する（≒スチュワードシップ活動）者

　コーポレートガバナンスにおけるプレイヤーとしてのインデックスファンドについて、とくにそのインセンティブに注目した研究が進んでいる。

Lucian A. Bebchuk & Scott Hirst, INDEX FUNDS AND THE FUTURE OF CORPORATE GOVERNANCE: THEORY, EVIDENCE, AND POLICY, Forthcoming, Colum. Law Rev., Vol. 119, Dec. 2019, SSRN-ID3282794(First Draft: June 2018, Last Revised: Nov. 2019)

Edward Rock ＆ Marcel Kahan, Index Funds and Corporate Governance: Let Shareholders be Shareholders, SSRN-ID3295098 (Aug. 2019)

2

3　インデックスファンドのインセンティブにかかる構造上の問題
＊インデックスファンドのインセンティブ
＝運用者（における株主権行使に関する権限を持つ者）のインセンティブ

3．1　インデックスファンドの報酬構造とインセンティブ
　運用者の報酬―運用資産残高により変動
　　　　　　　―運用資産の価値の増減および運用資産への資金の流出入により変動
　　　報酬の比率は資料①〔表1〕〔表2〕

　株主権行使（スチュワードシップ活動）によって運用資産（の価値）が増加すると見込まれる場合であっても、運用者がそれを実施するインセンティブをもつのは、見込まれる報酬の増加額が実施にかかるコストを上回るときのみ（Bebchuk & Hirst, at 21）。

運用資産の増加見込額（1億円）×報酬比率（0.2％）　＞　コスト

　運用資産の額が莫大であることからすれば、それでもなおインデックスファンドが十分なインセンティブをもつと考えられる場合もある。

3．2　運用者と投資対象企業（の経営陣）との利害関係がインセンティブに及ぼしうる影響

　インデックスファンドの運用者とその投資先企業との間には、運用者と投資先という関係以外にもさまざまな金融取引について当事者関係が生じうる。
　たとえばアメリカでは、401（k）プランにかかる運用資産のうち Big3 が運用しているもの割合は、BlackRock（14％）、Vanguard（20％）、SSGA（17％）であったとされている（2017年の数字。Bebchuk & Hirst, at 25 note 61）。401（k）プランの運用先として何を選択するかは、一般に従業員によって構成される委員会が決定するが、その企業の経営陣の意向がその選択に影響する（と Big3 が信じている）とすると、Big3 が保有する当該企業の株式にかかる議決権行使等が経営陣寄りの方向に歪められてしまうおそれがある（インセンティブの質の問題。Bebchuk & Hirst, at 25-26; Rock & Kahan, at 46）。

3

３．３　スチュワードシップ活動の類型とそのコスト
＊インデックスファンドとアクティブファンドを比較
＊Rock & Kahan, at 46, at 5 に示されたスチュワードシップ活動の３つの類型を用いる。
　　Type A：世間の注目を集める委任状争奪戦におけるエンゲージメント
　　Type B：市場において一般に望ましいと考えられているガバナンス構造（過剰な買収防
　　　　　　衛策の廃止等）の普及に関する活動
　　Type C：個々の企業のガバナンスと業績に関するモニタリングとエンゲージメント活動

３．３．１　Type A
＊アクティビストファンドと経営陣が委任状争奪戦を展開しており、機関投資家（アクティ
ブファンド・インデックスファンド）がいずれにつくかで決着がつく状況を想定。

　このような状況では、どちらが勝つかが株価に大きな影響を与えうる。
―大規模なインデックスファンドであれば対象企業における持株比率も高いはず（アクティ
ブファンドと同等ではあるはず）であり、議決権行使を含むエンゲージメント活動（アク
ティビスト・経営陣双方との面談等）を行なうインセンティブを十分に有すると考えられる。

―対象企業に関する情報の量の点では、投資対象企業の選定等を通じて個々の企業の情報
を収集・分析しているアクティブファンドの方が、対象企業に関する情報を有している可能
性が高い。しかし、インデックスファンドも双方との面談や公表された委任状勧誘資料等を
通じて十分な情報を収集できると考えられる。この点で両者に優劣はないのでないか（Rock
& Kahan, at 42-44）。

３．３．２　Type B
＊企業価値にプラスに働くと考えられているガバナンスのスタンダードを普及させるため
のスチュワードシップ活動（おもに議決権行使を想定）

　ここでの活動には、個々の投資先企業の情報はそれほど重要ではなく、その企業が普及さ
せようとしているガバナンスのスタンダードを満たしているかどうかを判定できれば足り
る。スタンダードを満たしているか否かを判定し、それに応じて行動する仕組み（たとえば
議決権行使基準の策定とそれにもとづく議決権行使）を構築できれば、それはすべての投資
先企業に用いることができ、投資先企業が多いほど範囲の経済のメリットを受けられる。そ
の点でインデックスファンドは有利（Rock & Kahan, 35, 44）。

4

Rock & Kahan, at 38 によれば、アクティブファンドの多くが、議決権行使（Type B に相当するものが多いと解される。）について助言会社の推奨にほぼ完全に従っているのに対し、Big 3 は、助言会社を利用しているはいるものの、その推奨に従っていない場合も多く、自社のアナリストの分析にもとづいて議決権を行使しているとのこと。

3．3．3 Type C

Bebchuk & Hirst, at 49-51 では、インデックスファンド（Big3）が、投資先企業の業績不振を理由としてエンゲージメント活動を行なった事例は確認できなかったとされている。

アクティブファンド（の一部）やアクティビストファンドにとっては、特定の企業の業績不振の原因を特定し、それに対処する方法を分析することは、投資戦略（投資対象企業の選別）上不可欠である。インデックスファンドにおいて、業績不振の問題に対する行動をとるためだけに、アクティビストファンドと同等の調査・分析等を行なうことは、コストに見合う成果が得られないと運用者は考えているということか（Rock & Kahan, at 45）。

4　対策

4．1　スチュワードシップ活動にかかる費用のファンド（投資者）負担

SS コード〔改訂版〕全文 7「機関投資家による実効性のある適切なスチュワードシップ活動は、最終的には顧客・受益者の中長期的な投資リターンの拡大を目指すものである。したがって、スチュワードシップ活動の実施に伴う適正なコストは、投資に必要なコストであるという意識を、機関投資家と顧客・受益者の双方において共有すべきである」。

4．1．1　投資者による費用負担の障害①—フリーライド問題

スチュワードシップ活動に成果：投資先企業に投資する他のファンド等にも及ぶ

インデックスファンドは商品の内容による差別化不可能

＝投資者が支払う信託報酬等による競争

→スチュワードシップ活動の費用を投資者に負担させると、スチュワードシップ活動に費用をかければかけるほど競争上不利になる（Bebchuk & Hirst, at 20-21; Rock & Kahan, at 21）。

→資金が他のインデックスファンド（スチュワードシップ活動の成果にフリーライドしたもの）に流出＝運用者の報酬減少（となる可能性はどの程度あるか？投資者にとって追加的に負担しなければならなくなる費用のインパクトがどれくらいあるか？）

5

また、かりにこのようなシナリオがありうるとして、すべてのインデックスファンドがスチュワードシップ活動を止めて運用報酬を引き下げるとすると、かえって不利になると考える投資者もいるはず。

―スチュワードシップ活動の費用を負担するからそれを行なうよう要求する投資者（アセットオーナー）と、費用負担を免れて成果だけを得たいと考える投資者（アセットオーナー）という問題に変化？

4．1．2　投資者による費用負担の障害②―ファンド間での費用負担の公平性の確保

　運用者は、複数のインデックスファンド（およびアクティブファンド）を運用しており、スチュワードシップ活動にかかる人員等はファンドごとに配置されているのではなく、運用者の特定の部門が一括して担当するのが一般的（日本取引所グループ金融商品取引法研究会「機関投資家によるスチュワードシップ・コード受入れの現状と課題」13・14 頁〔堀井浩之発言〕参照）。

　スチュワードシップ活動にかかる費用を各ファンドに配分する場合、その配分の基準等を投資者に示さなければならない可能性が高い。そうすると投資者から、「公平」な分配といえないとして損害賠償等を請求されるリスクもある（Bebchuk & Hirst, at 69）。

　なお、現在もスチュワードシップ活動にかかる費用は究極的には各ファンド（の投資者）が負担していることには変わりはなく、費用配分の公平性の問題が生じていないわけではない（前掲・日本取引所グループ金融商品取引法研究会 14 頁〔加藤貴仁発言〕参照。）。

4．2　利益相反問題への対処
4．2．1　運用者と投資先企業との間の利害関係

　3．2でみた問題への対処として、Bebchuk & Hirst at 70-71 では、①運用者が投資先企業との間で投資先等関係以外の事業上の利害関係をもつことを禁止すること、②（よりマイルドな提案として）運用者と投資先企業との利害関係を開示させること、を提案している（Rock & Kahan, at 51 は②は支持）。

　②については、利益相反管理の方針・体制の開示では不十分であり、個別具体的な利害関係を開示させることが必要としている。

　SS コード〔改訂版〕原則 2「機関投資家は、スチュワードシップ責任を果たす上で管理すべき利益相反について、明確な方針を策定し、これを公表すべきである。」

6

４．２．２　運用者内のファンド間の利益相反

　運用者は、性質の異なる複数のファンドを運用しており、それらについて一括してエンゲージメント活動を行なっている。このことはエンゲージメント活動の効率性の観点からは望ましいと考えられるが、一方で、Rock & Kahan, at 48-50 では、ファンド間の利益相反問題が生じることが指摘されている。

　たとえば、A 社と B 社の合併承認にかかる議決権行使に関して、合併により両社の企業価値は増加するが、対価が A 社にとって不利である場合、両社に投資しているインデックスファンドは対価の問題による影響を受けない可能性があり両社の総会で賛成の議決権行使をするが、A 社にのみ（A により多くの）投資をしているアクティブファンドは反対の議決権行使を望むといった事態が生じうる。

　このような場合の対処方法もあらかじめ定めておくべきであるとする（実際にこれに似た事案が発生しており、その際、Vanguard は各ファンドの運用担当者に議決権行使に関する決定権を与えたとされている）。

４．３　エンゲージメント活動の開示

　Bebchuk & Hirst at 72-73 では、２つの理由から運用者によるエンゲージメント活動を開示することに意義があるとしている。

　１つは、エンゲージメント活動に関する情報が、投資先企業の（運用者以外の）投資者の投資判断において重要な情報となりうることである。

　もう１つは、運用者が運用するファンドの投資者が、運用者によるエンゲージメント活動の有効性をよりよく評価できるようになることである。

　もっとも、後者について、Rock & Kahan at 16 note 62 では、ファンドの投資者が零細な投資者であるとすると、エンゲージメント活動を評価するインセンティブもつか疑問であるとする。

なお、SS コード〔改訂版〕原則 6「機関投資家は、議決権の行使も含め、スチュワードシップ責任をどのように果たしているのかについて、原則として、顧客・受益者に対して定期的に報告を行うべきである」。

　指針 6－1「運用機関は、直接の顧客に対して、スチュワードシップ活動を通じてスチュワードシップ責任をどのように果たしているかについて、原則として、定期的に報告を行うべきである」。

　指針 6－3「機関投資家は、顧客・受益者への報告の具体的な様式や内容については、顧客・受益者との合意や、顧客・受益者の利便性・コストなども考慮して決めるべきであり、効果的かつ効率的な報告を行うよう工夫すべきである」。

　年金基金のような顧客であればエンゲージメント活動の評価者として適切といえそうか。

7

【配布資料】

資料①　　［表 1］国内株式インデックス型 ETF（純資産額上位 10 本/101 本）
　　　　　　　（出所）モーニングスターウエブサイトより
　　　　　　［表 2］国内株式インデックス投資信託（純資産額上位 10 本/118 本）
　　　　　　　（出所）モーニングスターウエブサイトより

資料②　　Lucian Bebchuk & Scott Hirst, The Spector of the Giant Three
　　　　　　Boston University Law Review, Vol.99, 2019, pp.721-741

資料①

[表1] 国内株式インデックス型 ETF（純資産額上位 10 本／101 本）

ファンド名	会社名	信託報酬等（税込）	純資産額（百万円）
TOPIX 連動型上場投資信託	野村	0.12%	10,761,793
日経 225 連動型上場投資信託	野村	0.24%	6,322,489
ダイワ 上場投信-トピックス	大和	0.12%	5,033,460
上場インデックスファンド TOPIX 『愛称：上場 TOPIX』	日興	0.10%	4,783,143
上場インデックスファンド 225 『愛称：上場 225』	日興	0.25%	3,065,906
ダイワ 上場投信-日経 225	大和	0.18%	2,838,831
MAXIS 日経 225 上場投信	三菱 UFJ 国際	0.19%	1,463,987
MAXIS トピックス上場投信	三菱 UFJ 国際	0.09%	1,393,063
(NEXT FUNDS) JPX 日経インデックス 400 『愛称：JPX 日経 400ETF』	野村	0.22%	851,023
iシェアーズ・コア 日経 225ETF	ブラックロック	0.12%	710,375

モーニングスターウェブサイトより

50

[表2] 国内株式インデックス型投資信託（純資産額上位10本／118本）

ファンド名	会社名	信託報酬等（税込）	純資産額（百万円）
インデックスファンド225	日興	0.57%	213,458
MHAM 株式インデックスファンド225	アセマネOne	0.61%	167,009
日経225ノーロードオープン	アセマネOne	0.88%	154,058
ニッセイ 日経225インデックスファンド	ニッセイ	0.28%	149,617
三菱UFJ インデックス225オープン	三菱UFJ国際	0.68%	110,690
ストックインデックスファンド225	大和	0.57%	79,556
三井住友・225オープン	三井住友DS	0.66%	74,878
インデックスファンド225	三菱UFJ国際	0.57%	63,022
JA TOPIXオープン	農中全共連	0.61%	53,987
しんきん インデックスファンド225	しんきん	0.88%	44,729

モーニングスターウェブサイトより

51

THE SPECTER OF THE GIANT THREE

Lucian Bebchuk[*] & Scott Hirst[**]

Abstract

This Article examines the large, steady, and continuing growth of the Big Three index fund managers—BlackRock, Vanguard, and State Street Global Advisors. We show that there is a real prospect that index funds will continue to grow, and that voting in most significant public companies will come to be dominated by the future "Giant Three."

We begin by analyzing the drivers of the rise of the Big Three, including the structural factors that are leading to the heavy concentration of the index funds sector. We then provide empirical evidence about the past growth and current status of the Big Three, and their likely growth into the Giant Three. Among other things, we document that the Big Three have almost quadrupled their collective ownership stake in S&P 500 companies over the past two decades; that they have captured the overwhelming majority of the inflows into the asset management industry over the past decade, that each of them now manages 5% or more of the shares in a vast number of public companies; and that they collectively cast an average of about 25% of the votes at S&P 500 companies.

We then extrapolate from past trends to estimate the future growth of the Big Three. We estimate that the Big Three could well cast as much as 40% of the votes in S&P 500 companies within two decades. Policymakers and others must recognize—and must take seriously—the prospect of a Giant Three scenario. The plausibility of this scenario exacerbates concerns about the problems with index fund incentives that we identify and document in other work.

[*] James Barr Ames Professor of Law, Economics, and Finance, and Director of the Program on Corporate Governance, Harvard Law School.

[**] Associate Professor, Boston University School of Law; Director of Institutional Investor Research, Harvard Law School Program on Corporate Governance.

We would like to thank Aaron Haefner, Matt Stadnicki, and Zoe Piel for valuable research assistance. We also gratefully acknowledge financial supports from Harvard Law School and Boston University School of Law.

This Article is part of a larger, ongoing project on stewardship by index funds and other institutional investors. This Article complements our earlier study of index fund stewardship, Lucian Bebchuk & Scott Hirst, *Index Funds and the Future of Corporate Governance: Theory, Evidence and Policy*, 119 Colum. L. Rev. (forthcoming 2019), https://papers.ssrn.com/sol3/papers.cfm?abstract_id=3282794, which in turn builds on the analytical framework put forward in our article with Alma Cohen, Lucian A. Bebchuk, Alma Cohen & Scott Hirst, *The Agency Problems of Institutional Investors*, 31 J. Econ. Persp. 89, 95 (2017).

721

CONTENTS

INTRODUCTION

This Article analyzes the steady rise of the "Big Three" index fund managers—Blackrock, Vanguard, and State Street Global Advisors ("SSGA"). Based our analysis of recent trends, we conclude that the Big Three will likely continue to grow into a "Giant Three," and that the Giant Three will likely come to dominate voting in public companies. This Giant Three scenario raises the importance of the problems with index fund incentives in general, and the Big Three in particular, that we analyze and document in other work.[1]

Our analysis is divided into three parts. In Part I, we analyze three key drivers that underlie the steady and persistent growth of the Big Three, and which mean that this growth is likely to continue. First, we discuss the factors that have led to the tenfold increase in institutional investor ownership over the past six decades. Second, we document the steady growth of the proportion of the assets managed by investment managers that are allocated to index funds. Third, we analyze three factors that lead to the heavy concentration of the index fund sector: scale economies, the liquidity benefits offered by exchange-traded funds ("ETFs") with large assets, and the ability of dominant index fund managers to compete quickly with new products introduced by rivals. These factors are likely to facilitate the continued dominance of the Big Three.

In Part II, we present our empirical analysis of the past growth of the Big Three, their current status as major shareholders of U.S. companies, and their likely future growth. Our empirical analysis focuses on the companies in the S&P 500 and Russell 3000 indices, which represent 73% and 91% (respectively) of the total market capitalization of listed U.S. companies as of December 31, 2017.[2]

We start with the past growth and current status of the Big Three. Among other things, we document that:

- Over the last decade, more than 80% of all assets flowing into investment funds has gone to the Big Three, and the proportion of total funds flowing to the Big Three has been rising through the second half of the decade;

---

[1] *See* Lucian A. Bebchuk, Alma Cohen & Scott Hirst, *The Agency Problems of Institutional Investors*, 31 J. ECON. PERSP. 89, 95 (2017); Lucian Bebchuk & Scott Hirst, *Index Funds and the Future of Corporate Governance: Theory, Evidence, and Policy*, COLUM. L. REV. (forthcoming 2019) (manuscript at 1), http://ssrn.com/abstract_id=3282794.

[2] Calculated based on market capitalization data from the Center for Research in Securities Prices. Market capitalization data is based on those types of shares included in the Russell 3000 and S&P 500, including common shares of U.S. companies, non-U.S. companies, real estate investment trusts, shares of beneficial interest, and units of companies incorporated outside the United States.

- The average combined stake in S&P 500 companies held by the Big Three essentially quadrupled over the past two decades, from 5.2% in 1998 to 20.5% in 2017;[3]
- Over the past decade, the number of positions in S&P 500 companies in which the Big Three hold 5% or more of the company's equity has increased more than five-fold, with each of BlackRock and Vanguard now holding positions of 5% or more of the shares of almost all of the companies in the S&P 500;
- Following two decades of growth, the Big Three now collectively hold an average stake of more than 20% of S&P 500 companies;[4] and
- Because the Big Three generally vote all of their shares, whereas not all of the non-Big Three shareholders of those companies do so, shares held by the Big Three represent an average of about 25% of the shares voted in director elections at S&P 500 companies in 2018.

Building on this analysis of past growth, we then proceed to extrapolate from past trends to predict the likely growth of the Big Three in the next two decades. Assuming that past trends continue, we estimate that the share of votes that the Big Three would cast at S&P 500 companies could well reach about 34% of votes in the next decade, and about 41% of votes in two decades. Thus, if recent trends continue, the Big Three could be expected to become the "Giant Three." In this Giant Three scenario, three investment managers would largely dominate shareholder voting in practically all significant U.S. companies that do not have a controlling shareholder.

We conclude by observing the substantial policy implications of the specter of the Giant Three. Here we build on our large-scale study of index fund stewardship, which analyzes the incentives of index fund managers and provides comprehensive empirical evidence on their stewardship activities.[5] That study analyzes and documents the incentives of index fund managers, and especially major fund managers such as the Big Three, to be excessively deferential toward corporate managers. We argue that recognition of the Giant Three scenario increases the importance of the agency problems afflicting Big Three incentives that we have identified. Recognizing the specter of the Giant Three reinforces the importance of a serious consideration of these problems.

In addition to our own prior work, the work that is most closely related to this Article is an elegant essay by Professor John Coates.[6] Although we and Coates both focus on issues arising from the growing concentration of ownership in the

---

[3] *See infra* Figure 1, Panel 1 and accompanying text.

[4] *See infra* Table 5 and accompanying text.

[5] *See generally* Bebchuk & Hirst, *supra* note 1.

[6] *See generally* John C. Coates IV, *The Future of Corporate Governance Part I: The Problem of Twelve* (Harvard John M. Olin Ctr. for Law, Econ., & Bus., Discussion Paper No. 1001, 2019), http://www.law.harvard.edu/programs/olin_center/papers/pdf/Coates_1001.pdf.

hands of a relatively small number of institutional investors, our works and views differ in key respects. To begin, Coates's essay focuses on what he labels "the problem of twelve"—that is, the possibility that twelve management teams will gain "practical power over the majority of U.S. public companies."[7] By contrast, we focus on the possibility that a much smaller number of management teams—the Big Three—will come to dominate ownership in most public companies. In addition, this Article differs from Coates's work in that our empirical analysis focuses on documenting the growth of the Big Three and estimating its future trajectory.

Finally, our view on the problems with the growing concentration of ownership substantially differs from that of Coates. Whereas Coates seems to be concerned that investment managers will excessively use the power that comes from their large ownership stakes, we have a very different concern—that the Giant Three will have incentives to be excessively deferential to corporate managers. Our concern is therefore that the substantial proportion of equity ownership with incentives towards deference will depress shareholder intervention overall, and result in insufficient checks on corporate managers.

Whatever one's view of the nature of the Giant Three problem and the concerns that it raises, the specter of the Giant Three that we document and analyze represents a major challenge. We hope that our work will highlight for researchers, market participants, and policymakers the importance of the Giant Three scenario. The specter of the Giant Three deserves close attention, and our empirical evidence and framework of analysis could inform any future consideration of this subject.

I.   THE RISE OF THE GIANT THREE: DRIVERS

This Part analyzes three key drivers that underlie the consistent growth of the Big Three and make it likely that this growth and the related dominance of the Big Three will continue. First, the proportion of shares held by institutional investors has grown considerably and can be expected to continue to grow. Second, of the shares held by institutional investors, the proportion invested in index funds has also grown steadily, and can also be expected to continue to grow. Third, structural factors have led to heavy concentration in the index funds sector and suggest that the Big Three will only increase their dominance. Sections I.A through I.C examine in turn each of these three drivers.

A.   *The Rise of Institutional Investors*

Over the last fifty years, institutional investors have come to hold a majority of the equity of U.S. public companies.[8] From 1950 to 2017, the institutional

---

[7] Coates IV, *supra* note 6, at 1.

[8] For early works on the rise of institutional investors, see, for example, Bernard S. Black, *Shareholder Passivity Reexamined*, 89 MICH. L. REV. 520, 567 (1990); Robert Charles Clark,

ownership of corporate equity increased tenfold, from 6.1% to 65%.[9] As a result, institutional investors now control a large majority of the shares of public companies and have a dominant impact on vote outcomes at those companies.

Many observers have viewed the steady increase in the share of stock owned by institutional investors as being driven by a number of factors.[10] Changes in the regulation of retirement savings increased the aggregate amount of retirement savings.[11] Retirement savings shifted from bank savings accounts to the public equity markets, as a result of favorable tax changes[12] and innovations in equity investment products.[13] An increasing focus on the value of low-cost diversification in investments was also met by lower-cost options for achieving such diversification among public equities.[14] These factors remain in place, and have led to continuing increases in the proportion of corporate equity owned by

---

Comment & Review, *The Four Stages of Capitalism: Reflections on Investment Management Treatises*, 94 HARV. L. REV. 561, 564-65 (1981); Gerald F. Davis, *A New Finance Capitalism? Mutual Funds and Ownership Re-Concentration in the United States*, 5 EUR. MGMT. REV. 11, 12 (2008); Donald E. Farrar & Lance Girton, *Institutional Investors and Concentration of Financial Power: Berle and Means Revisited*, 36 J. FIN. 369, 375 (1981); Edward B. Rock, *The Logic and (Uncertain) Significance of Institutional Shareholder Activism*, 79 GEO. L.J. 445, 447 (1991). For more recent works, see Bebchuk, Cohen & Hirst, *supra* note 1, at 91; Ronald J. Gilson & Jeffrey N. Gordon, *The Agency Costs of Agency Capitalism: Activist Investors and the Revaluation of Governance Rights*, 113 COLUM. L. REV. 863, 874-75 (2013).

[9] BD. OF GOVERNORS OF THE FED. RESERVE SYS., FEDERAL RESERVE STATISTICAL RELEASE, Z1: FINANCIAL ACCOUNTS OF THE UNITED STATES: FOURTH QUARTER 2017 130 (2018) (providing evidence of level of ownership in 2017), https://www.federalreserve.gov/releases/z1/20180308/z1.pdf [https://perma.cc/23K7-63UJ]; MATTEO TONELLO & STEPHAN RABIMOV, THE 2010 INSTITUTIONAL INVESTMENT REPORT: TRENDS IN ASSET ALLOCATION AND PORTFOLIO COMPOSITION 22 (2010), https://www.conference-board.org/publications/publicationdetail.cfm?publicationid=1872 (providing evidence of level of ownership in 1950).

[10] *See, e.g.*, Edward B. Rock, *Institutional Investors in Corporate Governance*, *in* THE OXFORD HANDBOOK OF CORPORATE LAW AND GOVERNANCE 363, 365 (Jeffrey N. Gordon & Wolf-Georg Ringe eds., 2018).

[11] *See* Gilson & Gordon, *supra* note 8, at 879-80 (describing effect of Employee Retirement Income and Security Act of 1974 on volume of retirement savings invested in equity securities).

[12] *See* Clark, *supra* note 8, at 575; Davis, *supra* note 8, at 14-15 ("While institutions still avoid seeking board representation, a few of them have amassed substantial ownership blocks in hundreds of companies, due in large part to changes in pension financing and tax laws.").

[13] *See* John V. Duca, *The Democratization of America's Capital Markets*, ECON. & FIN. REV., Second Quarter 2001, at 10, 13 ("Between the mid-1970s and late 1990s, household portfolios changed greatly as the share of household financial assets in bank deposits fell, while that in mutual funds and securities jumped from 22 percent in 1975 to 42 percent in 1999.").

[14] *See id.* at 14-15 (describing causes of declines in asset transaction costs that facilitated equity ownership by households).

institutional investors over the last decade. As a result, it is plausible to expect the increase in institutional ownership to continue.

B.   *The Growing Share of Index Funds*

In addition to the growth in the proportion of corporate equity held by institutional investors, there has also been substantial growth in the proportion of institutional investor assets that are invested in index funds.

Index funds are investment funds: funds that pool the investments of many individuals and others (which we refer to as "beneficial investors") and invest them in diversified portfolios of assets. Investment funds may invest in debt securities or other assets, but we focus on investment funds that invest in equity securities. Among those equity investment funds, index funds invest in portfolios that attempt to track the performance of a particular benchmark stock market index, such as the S&P 500 or the Russell 3000. Index funds can be either traditional "open-ended" mutual funds or ETFs. A well-known example of an index mutual fund is the Vanguard S&P 500 Mutual Fund. The two largest index ETFs are SSGA's SPDR S&P 500 ETF and BlackRock's iShares Core S&P 500 ETFs.[15]

The growth of index funds is commonly attributed to a recognition of their advantages compared with active funds: lower costs, superior returns after fees, and tax advantages for investors holding funds in accounts that are not tax-sheltered.[16] The shift to index funds has been dramatic, with index funds increasing their share of the total assets invested in equity mutual funds more than eightfold in two decades, from 4% in 1995 to 34% in 2015.[17]

Table 1 shows the asset flows to (and from, shown in parentheses) both actively managed investment funds and index investment funds during the ten years from 2009 to 2018.[18] As Table 1 shows, inflows to index funds have dominated those to actively managed funds over the past decade. From 2009 to 2018, total inflows to actively managed funds were less than $200 billion, with significant outflows over the last five years erasing most of the inflows into actively managed funds over the first five years of that period. In contrast, total inflows to index funds over the same period were more than $3.4 trillion, eighteen times the total flows to actively managed funds. Flows to index funds over that decade were consistently positive and increased over time: the average

---

[15] *See infra* Table 2.

[16] For recent writings stressing the advantages of index funds over actively managed funds, see, for example, Gregory Zuckerman, *The Passivists: Why Stock Pickers Are Keeping the Faith*, WALL STREET J., Oct. 22, 2016, at B1.

[17] John C. Bogle, *The Index Mutual Fund: 40 Years of Growth, Change, and Challenge*, 72 FIN. ANALYSTS J. 9, 9 (2016).

[18] Table 1 is based on asset flow data from Morningstar Direct accessed on December 20, 2018. The 2018 figures include data through November 2018.

inflow from 2014 to 2018 was $476 billion per year, more than double that from 2009 to 2013 ($221.5 billion per year).

The growth in the share of index funds at the expense of active funds has been partly due to growing levels of investment in ETFs. Because of the way in which ETFs operate and are regulated, they are largely limited to investment strategies that track a defined index.[19] As Table 1 indicates, the majority of the substantial growth in index funds has been driven by the growth of ETFs. Flows to index ETFs outpaced flows to index mutual funds every year from 2009 to 2018, and the total asset flow to index ETFs from 2009 to 2018 was 60% greater than the asset flows to index mutual funds over the same period.

Table 1. Asset Flows To (From) Active and Index Funds ($ Billions).

	Active Funds	*Index Funds*			*Total*
		Mutual Funds	*ETFs*	*Total*	
2009	259.8	62.9	126.5	189.4	449.2
2010	234.5	65.4	127.1	192.5	427.0
2011	27.8	58.4	121.1	179.4	207.2
2012	186.5	80.4	165.4	245.8	432.3
2013	154.1	104.8	195.7	300.4	454.5
Total (2009-2013)	862.7	371.7	735.8	1,107.5	1,970.2
2014	104.2	148.8	207.6	356.3	460.5
2015	(180.9)	175.8	239.8	415.6	234.6
2016	(344.1)	192.1	261.8	453.9	109.9
2017	(63.9)	237.3	463.7	701.0	637.2
2018	(185.3)	172.1	280.5	452.6	267.3
Total (2014-2018)	(669.9)	926.1	1,453.3	2,379.4	1,709.5
Total (2009-2018)	192.7	1,297.8	2,189.1	3,486.9	3,679.6

---

[19] *See, e.g.*, William A. Birdthistle, *The Fortunes and Foibles of Exchange-Traded Funds: A Positive Market Response to the Problems of Mutual Funds*, 33 DEL. J. CORP. L. 69, 72 (2008) ("ETF sponsors index their funds to benchmarks . . . so that investors in an ETF can confirm that the price of the fund's shares at any given moment fairly equals the price of all the underlying securities in the fund's portfolio.").

C.   *The Concentration of the Index Funds Sector*

Finally, we wish to discuss the heavy concentration of the growing index funds sector in the hands of three major investment managers. As we explain below, there are three structural factors that have contributed to the dominance of a small number of players. Most importantly, these factors are likely to enable these players to retain their dominance over time.

Economies of Scale. The first factor is the significant economies of scale inherent in operating a fund tracking an index. An ETF with assets of $10 billion would have one hundred times the assets under management of an ETF with assets of $100 million tracking the same index, but the costs of operating the former would likely be much less than one hundred times the cost of operating the latter. These economies of scale provide the operator of the $10 billion ETF with a structural advantage over the operator of the $100 million ETF: the former can charge investors a much smaller expense ratio to cover costs.[20] In a recent paper Professors John Adams, Darren Hayunga, and Sattar Mansi provide empirical evidence of significant economies of scale in index fund performance.[21] The authors explain that this is partly due to there being some elements of fixed costs for investment funds that can be divided over a larger asset base in the case of large funds, including administration, broker trading commissions, management, and marketing.[22]

ETF Assets and Liquidity. There is another related factor that arises with respect to ETFs, which represent a growing segment of the index funds sector. An ETF with more assets has a substantial advantage over an ETF tracking the same index with fewer assets, not only because the larger ETF has lower operational costs as a percentage of assets (as described above), but also because the larger ETF offers beneficial investors significant liquidity advantages.

Investors considering ETF investments will consider not only the fees charged by the investment manager but also the bid-ask spreads that the investor will face when they acquire and dispose of their investment in the ETF. An ETF with fewer assets can be expected to have lower liquidity and more significant bid-ask spreads than a larger ETF, which will operate to reduce the total return the investor will enjoy from holding the ETF. Accordingly, index fund managers that have enjoyed a first-mover advantage and that currently manage ETFs with larger volumes of assets can offer investors liquidity benefits that index fund managers operating ETFs tracking the same index but with fewer assets simply cannot emulate. The liquidity advantages of ETFs that already have abundant assets under management can be viewed as a source of network benefits, and

[20] *See, e.g.,* Bogle, *supra* note 6 (identifying diminished expense ratios as one reason few new index funds try to compete).

[21] John Adams, Darren Hayunga & Sattar Mansi, Returns to Scale in Active and Passive Management 27 (Dec. 4, 2018) (unpublished manuscript), https://ssrn.com/abstract=3295799.

[22] *Id.* at 26.

such benefits have long been viewed as benefitting and protecting incumbent firms.[23]

Table 2, below, reports the assets under management of the fifty largest equity ETFs.[24] These ETFs manage together more than $1.8 trillion, with the largest ETF—the SPDR S&P 500 ETF—holding more than a quarter of a trillion dollars. The fifty largest ETFs are dominated by BlackRock, Vanguard, and SSGA, which manage twenty, sixteen, and nine of the fifty largest ETFs, respectively. Only five of the fifty largest ETFs (and only one of the largest thirty ETFs) are managed by managers other than the Big Three.[25] Indeed, managers other than the Big Three manage less than 7% of the assets held in the largest fifty ETFs.[26]

Table 2. Fifty Largest ETFs by Assets Under Management ("AUM").

	Exchange Traded Fund	*AUM ($bn)*	*Manager*
1.	SPDR S&P 500 ETF	$251.48	SSGA
2.	iShares Core S&P 500 ETF	$155.17	BlackRock
3.	Vanguard S&P 500 ETF	$99.00	Vanguard
4.	Vanguard Total Stock Market ETF	$99.00	Vanguard
5.	Vanguard FTSE Developed Markets ETF	$66.34	Vanguard
6.	Invesco QQQ	$65.72	Non-Big 3
7.	iShares MSCI EAFE ETF	$63.77	BlackRock
8.	Vanguard FTSE Emerging Markets ETF	$55.89	Vanguard
9.	iShares Core MSCI EAFE ETF	$53.81	BlackRock
10.	iShares Core MSCI Emerging Markets ETF	$49.67	BlackRock
11.	iShares Core S&P Mid-Cap ETF	$44.93	BlackRock
12.	Vanguard Value ETF	$43.03	Vanguard
13.	iShares Russell 2000 ETF	$42.96	BlackRock
14.	iShares Russell 1000 Growth ETF	$40.42	BlackRock
15.	iShares Core S&P Small-Cap ETF	$40.38	BlackRock
16.	iShares Russell 1000 Value ETF	$38.62	BlackRock
17.	Vanguard Growth ETF	$34.36	Vanguard
18.	Vanguard Real Estate Index Fund	$30.85	Vanguard
19.	Vanguard Dividend Appreciation ETF	$30.37	Vanguard
20.	iShares MSCI Emerging Markets ETF	$29.69	BlackRock
21.	Financial Select Sector SPDR Fund	$25.68	SSGA

---

[23] *See, e.g.*, Nicholas Economides, *Competition Policy in Network Industries: An Introduction, in* THE NEW ECONOMY & BEYOND: PAST, PRESENT & FUTURE 96, 104 (Dennis W. Jansen ed., 2006).

[24] Data for Table 2 is taken from the ETF Database. *Largest ETFs: Top 100 ETFs by Assets*, ETFDB.COM, https://etfdb.com/compare/market-cap/ (last visited Apr. 10, 2019).

[25] Three of the five non-Big Three ETFs are managed by Charles Schwab and two are managed by Invesco. *See infra* Table 2.

[26] The total assets under management for the fifty largest equity ETFs as listed in Table 2 is $1,851 billion. The total assets under management of the five non-Big Three ETFs in the fifty largest ETFs is $122 billion, or 6.6% of the total assets under management in the fifty largest ETFs.

22. Vanguard Mid-Cap Index ETF	$22.45	Vanguard
23. Vanguard Small Cap ETF	$22.18	Vanguard
24. Vanguard High Dividend Yield ETF	$22.07	Vanguard
25. Vanguard FTSE All-World ex-US ETF	$21.21	Vanguard
26. SPDR Dow Jones Industrial Average ETF	$21.13	SSGA
27. iShares S&P 500 Growth ETF	$20.91	BlackRock
28. Health Care Select Sector SPDR Fund	$19.66	SSGA
29. Vanguard Information Technology ETF	$19.10	Vanguard
30. iShares Edge MSCI Min Vol USA ETF	$18.96	BlackRock
31. Technology Select Sector SPDR Fund	$18.72	SSGA
32. SPDR S&P MidCap 400 ETF	$18.06	SSGA
33. iShares Russell 1000 ETF	$17.24	BlackRock
34. iShares Select Dividend ETF	$17.10	BlackRock
35. iShares Russell Midcap ETF	$17.02	BlackRock
36. SPDR S&P Dividend ETF	$16.10	SSGA
37. iShares MSCI Japan ETF	$15.86	BlackRock
38. iShares Core S&P Total U.S. Stock Market ETF	$15.71	BlackRock
39. Schwab International Equity ETF	$15.02	Non-Big 3
40. iShares S&P 500 Value ETF	$15.00	BlackRock
41. iShares J.P. Morgan USD Emerging Markets Bond ETF	$14.99	BlackRock
42. Energy Select Sector SPDR Fund	$14.69	SSGA
43. iShares U.S. Preferred Stock ETF	$14.21	BlackRock
44. Invesco S&P 500® Equal Weight ETF	$14.20	Non-Big 3
45. Schwab U.S. Large-Cap ETF	$14.12	Non-Big 3
46. Vanguard FTSE Europe ETF	$13.68	Vanguard
47. Consumer Discretionary Select Sector SPDR Fund	$12.99	SSGA
48. Vanguard Large Cap ETF	$12.65	Vanguard
49. Schwab U.S. Broad Market ETF	$12.59	Non-Big 3
50. Vanguard Small Cap Value ETF	$12.39	Vanguard
Total	$1,851.17	

Difficulty of Disruption. Finally, a factor relevant for assessing the persistence of market concentration is the ease with which rivals are able to unseat dominant incumbents. In some markets incumbent market leaders face significant risks of losing their dominance if a rival develops a disruptive product that customers prefer and that the incumbent is not able to replicate quickly. However, the nature of index fund offerings is such that, if investors show interest in an indexed product that is not currently offered by the Big Three, the Big Three can swiftly offer a very similar competing product. This ability of the dominant players to quickly replicate any product in which investors show an interest contributes to protecting the continued dominance of the existing major players.

II.   THE NUMBERS: PAST, PRESENT, FUTURE

This Part provides empirical evidence about the steady rise of the Big Three over the past two decades, as well as their major presence in corporate ownership and voting, and estimates their future growth based on extrapolation from current trends. Section II.A provides evidence about past growth and the present importance of Big Three shareholders. Section II.B extrapolates from these past trends to predict the growth of the Giant Three.

A. *The Past and Present: The Rise of the Big Three*

As discussed in Part I, there has been tremendous inflows of assets to index funds over the past decade. Consistent with our analysis of the factors contributing to the heavy concentration of the index fund sector, the great majority of these inflows have gone to the Big Three.

Table 3 reports the asset flows to each of the Big Three from 2009 to 2018.[27] The total inflows to the Big Three from 2009 to 2018 were more than $3 trillion, and represent 82% of the inflows to *all* active and passive funds over that period. The dominance of the Big Three as the destination for fund inflows was naturally reflected in the growth of the Big Three during this period.

Table 3. Asset Flows to Big Three Mutual Funds and ETFs.

	BlackRock	Vanguard	SSGA	Total Big 3	% of Inflow to All Funds
2009	77.2	97.2	11	185.3	41.3%
2010	(11.9)	80.6	31.4	100.1	23.4%
2011	28.4	81.1	17.2	126.6	61.1%
2012	76.1	142.5	44.2	262.7	60.8%
2013	60.4	138.7	18.3	217.2	47.8%
Total (2009-2013)	230.2	539.8	121.9	891.9	45.3%
2014	113.2	216.3	41.1	370.4	80.5%
2015	108.7	236.1	(12.1)	332.7	141.8%
2016	88.5	304.8	48.3	441.5	402.0%
2017	256.7	361.1	32.9	650.7	102.1%
2018	112.3	218.7	12.9	343.9	128.6%
Total (2014-2018)	679.3	1,336.9	123.1	2,139.2	125.1%
Total (2009-2018)	909.5	1,876.7	244.9	3,031.1	82.4%

Table 3 demonstrates that the move to index funds appears to have accelerated. During the five years from 2009 to 2013, the Big Three attracted

---

[27] Table 3 is based on asset flow data from Morningstar Direct accessed on December 20, 2018. The 2018 figures include data through November 2018.

$892 billion of assets, which was 45% of the total asset inflows to investment funds during that period. Therefore, during this period the Big Three attracted close to the same amount of assets as all other investment managers combined. This necessarily represented a higher rate of growth for the Big Three than for other fund managers, as the Big Three started the decade with fewer assets under management. And, in the subsequent five years, from 2014 to 2018, the Big Three had $2,139 billion in inflows, more than twice as much as the preceding five years, representing 125% of total investment fund inflows.

Figure 1, below, shows the average percentage of the shares large public corporations held by the Big Three for each year over the last two decades—a percentage that has been increasing consistently and at a significant rate.[28] It shows that the growth in the proportion of the U.S. equity markets managed by the Big Three has been dramatic. Panel 1 shows that the proportion of S&P 500 shares managed by the Big Three has grown approximately fourfold over the past two decades, from 5.2% in 1998, to 20.5% in 2017. Furthermore, Panel 2 shows that for Russell 3000 companies, the proportion of assets the Big Three holds has grown more than fourfold over the past two decades, from 3.7% in 1998 to 16.5% in 2017, though it still remains below the proportion that the Big Three hold in S&P 500 companies.

---

[28] Figure 1 is based on institutional ownership from the FactSet Ownership database by FactSet Research Systems accessed on July 10, 2018, together with S&P 500 constituent data from the Compustat database by S&P Global accessed on February 14, 2017, and Russell 3000 constituent data from FTSE Russell accessed on May 29, 2018.

Figure 1. Percentage of Corporate Equity Held by Big Three Index Funds.

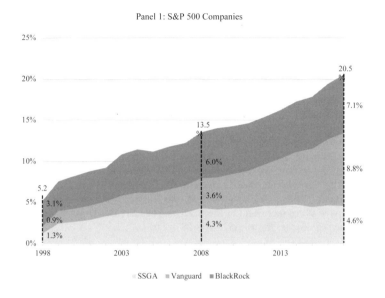

Panel 1: S&P 500 Companies

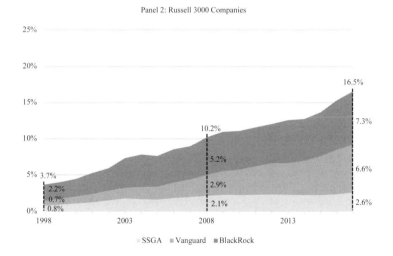

Panel 2: Russell 3000 Companies

Another way to provide a picture of the consistent and dramatic growth of the Big Three is to consider the number of companies at which the Big Three hold positions of 5% or more. We therefore gather data from the FactSet Ownership database regarding the size of the positions that each of the Big Three hold in each S&P 500 and Russell 3000 company over the last ten years. Table 4 shows the number of positions of 5% or more that each of the Big Three held in S&P 500 and Russell 3000 companies, and the total number of such positions across the Big Three, in each of the years in 2007, 2012, and 2017.

Consistent with the results presented earlier, Table 4 displays a spectacular growth in the number of positions of 5% or more held by the Big Three. Whereas Vanguard held only fifteen such positions in S&P 500 companies in 2007, by 2017 Vanguard held such positions in essentially all of the S&P 500, an increase of more than thirty times. Furthermore, the number of positions of 5% or more in S&P 500 companies held by BlackRock and SSGA each tripled over the same period, from 165 to 488 (almost the entire S&P 500) for BlackRock, and from 41 to 130 for SSGA. The total number of S&P 500 positions of 5% or more held by the Big Three has increased more than fivefold, from 221 in 2007 to 1,118 in 2017. Panel 2 shows similar growth for the Russell 3000: the total number of positions of 5% or more held by the Big Three has increased more than threefold over the last decade, from 1,481 to 4,608 in 2017.

Table 4. Number of Positions of 5% or More Held by the Big Three.

Panel 1: S&P 500 Companies			
Year	*BlackRock*	*Vanguard*	*SSGA*	*Combined*
2007	165	15	41	221
2012	328	193	103	624
2017	488	500	130	1,118

Panel 2: Russell 3000 Companies			
Year	*BlackRock*	*Vanguard*	*SSGA*	*Combined*
2007	1,267	131	83	1,481
2012	1,967	1,251	169	3,387
2017	2,344	2,059	205	4,608

The data that we have presented to describe the phenomenal growth of the Big Three over the past two decades also contains information about the major role that the Big Three currently play in the ownership of public companies. As Figure 1 shows, as of 2017 the Big Three held an average combined stake exceeding 20% of S&P 500 companies and 16.5% of Russell 3000 companies. Furthermore, as of 2017, practically all S&P 500 companies, and over two-thirds of Russell 3000 companies, had two positions of 5% or more held by two of the Big Three, and many such companies had positions of 5% or more held by each of the Big Three.

Furthermore, the above figures significantly underestimate the voting power of the Big Three and the extent to which their voting influences election outcomes. This is because index fund managers invariably vote in corporate elections, while some other holders—especially retail investors—do so to a much lesser extent.[29] To provide a sense of the effects of such nonvoting on the significance of Big Three holdings, Table 5 contrasts (1) the fraction of shares owned in companies in the S&P 500 and Russell 3000 indexes by each of the Big Three, and (2) the fraction of the votes of companies in those indexes cast at annual meetings held by each of the Big Three.[30]

Table 5. Big Three Ownership of U.S. Companies

		% of Outstanding Shares		% of Votes Cast	
		Mean	Median	Mean	Median
S&P 500	BlackRock	7.1%	6.9%	8.7%	8.5%
	Vanguard	8.8%	8.2%	11.1%	10.1%
	SSGA	4.6%	4.4%	5.6%	5.5%
	Big Three Total	20.5%	19.5%	25.4%	24.2%
Russell 3000	BlackRock	7.3%	6.8%	10.1%	9.2%
	Vanguard	6.6%	6.9%	8.6%	8.7%
	SSGA	2.6%	2.4%	3.4%	3.0%
	Big Three Total	16.5%	16.1%	22.0%	20.9%

As Table 5 indicates, the average share of the votes cast at S&P 500 companies at the end of 2017 was 8.7% for BlackRock, 11.1% for Vanguard, and 5.6% for SSGA. These proportions are about 15% higher than the proportion of outstanding shares managed by each of those managers. As a result, for S&P 500 companies, the proportion of the total votes that were cast by the Big Three was about 25.4% on average, significantly higher than their combined ownership stake of about 20.5% on average. Similarly, for Russell 3000 companies, the proportion of the total votes that were cast by the Big Three was

[29] In the 2017 proxy season, only 29% of shares owned by retail investors were voted. *See* BROADRIDGE & PWC, PROXYPULSE: 2017 PROXY SEASON REVIEW 2 (2017), https://www.broadridge.com/_assets/pdf/broadridge-2017-proxy-season-review.pdf [https://perma.cc/VJ7H-JJ77].

[30] Table 5 is based on market capitalization data from Compustat accessed on February 14, 2017, institutional ownership data from FactSet Ownership accessed on July 10, 2018, and director election data from FactSet Research Systems' SharkRepellent database accessed on June 18, 2018. "Votes cast" refers to the average sum, across all directors up for election, of the votes cast for and against, and abstentions for that director at that corporation's 2017 annual meeting.

22% on average, also significantly greater than the 16.5% of outstanding Russell 3000 shares managed by the Big Three. Thus, ownership figures by themselves significantly understate the effect that the Big Three have on voting outcomes.

B.   *The Future: The Specter of the Giant Three*

We agree with the adage that it is difficult to make predictions, especially about the future. Still, given the steady rise of the ownership stakes of the Big Three over the past two decades, it is natural for policymakers, researchers, and market participants to ask what would be the result of a continuation of past trends in the growth of the Big Three. This Section provides such estimates based on the evidence regarding recent trends.

To generate such an estimate we begin by estimating the rate at which equity ownership by investors other than the Big Three has declined over the past ten years. In 2008, 13.5% of S&P 500 equity was managed by the Big Three, so 86.5% was not. Ten years later, in 2017, 20.5% of S&P 500 equity was managed by the Big Three, so 79.5% was not. We calculate that the decline from 86.5% to 79.5% over ten years reflected an annual rate of decline of 0.84%. We then ask what would happen if the ownership of shares by non-Big Three investors (which we refer to as "non-Big-Three holdings") continues to decline at this annual rate.[31]

Panel 1 of Figure 2 shows that if the recent rate of decline of non-Big-Three holdings continues at the same rate as in the past decade, the combined average ownership stake of the Big Three will rise to 27.6% in ten years, and to 33.4% of S&P 500 equity in twenty years. Similar figures hold for the Russell 3000: our estimation indicates that the average combined stake of the Big Three would rise to 23.9% for the equity of Russell 3000 companies in 2028, and to 30.1% of Russell 3000 companies in 2038.

---

[31] This rate is calculated as $\sqrt[10]{(c_{2008}/c_{2017})}$, where c_{2008} represents the average percentage of shares of the index *not* managed by the Big Three in 2008 and c_{2017} represents the average percentage of shares of the index *not* managed by the Big Three in 2017.

Figure 2. Big Three Combined Stake—Future Growth Estimated from Past Trend.

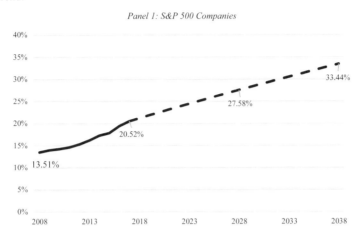

Panel 1: S&P 500 Companies

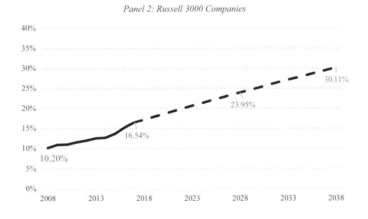

Panel 2: Russell 3000 Companies

Of course, whereas we use the past ten years to derive an estimate of the rate of decline of non-Big-Three holdings, one could do so based on somewhat different periods. To examine the consequences of using such different periods, we recalculate the rate of decline of non-Big-Three holdings during the past five years, from 2013 to 2017. We obtain a calculated rate of decline of 1.05%, exceeding the 0.84% decline used above.

As we explained in Section III.A, the voting power of index funds is even greater than would be suggested by the proportion of shares that they manage, because many other shareholders do not vote. We therefore also estimate the future voting power of index funds. We first calculate the proportion of non-Big-Three holdings that did not vote for the election of directors in each of the years from 2008 to 2017. We assume that the Big Three voted all of the shares that they managed in all of those years. This is a reasonable assumption, as Securities and Exchange Commission ("SEC") guidance has indicated that U.S. investment managers like the Big Three have a fiduciary duty to vote their shares.[32] Based on this assumption, the proportion of shares not managed by the Big Three that voted in director elections varied from 85% in 2008 to 68% in 2017. The average proportion of non-Big-Three holdings voted at director elections over that period was 73%. We assume that this proportion will remain constant, and use it to estimate the voting power of the Big Three in the future.

Figure 3 shows our estimates of the voting power of the Big Three for the next twenty years, for the S&P 500 (Panel 1) and for the Russell 3000 (Panel 2).

Panel 1 of Figure 3 shows that if the proportion of non-Big-Three holdings that are voted remains the same, then the Big Three will control 34.3% of S&P 500 votes in ten years, and 40.8% of S&P 500 votes in twenty years. Panel 2 shows similar results for the Russell 3000: 29.8% of Russell 3000 votes in 2028 and 36.7% of Russell 3000 votes in 2038.

---

[32] *See* Interpretive Bulletin on Exercise of Shareholder Rights and Written Statements of Investment Policy, 29 C.F.R. § 2509.2016-01 (2018) ("The fiduciary act of managing plan assets that are shares of corporate stock includes the voting of proxies appurtenant to those shares of stock.").

Figure 3. Expected Future Growth—Big Three Combined Voting Stake.

Panel 1: S&P 500 Companies

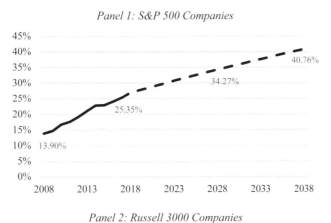

Panel 2: Russell 3000 Companies

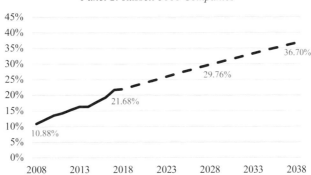

The estimates we obtained above are based on the rate of change in the past ten years. We also derive estimates using shorter and longer periods—specifically, the past five years and the past twenty years. Using these estimates would result in estimates of the future voting power of the Big Three commensurate to the estimate we generated above. In particular, extrapolating from Big Three growth over the past five years would result in the estimated average percentage of votes cast by the Big Three in S&P 500 companies growing to 28.4% by 2028 and 35.6% by 2038. Similarly, extrapolating from Big Three growth over the past twenty years would result in the average percentage of votes cast by the Big Three in S&P 500 companies to grow to 27.2% by 2028 and 33.3% by 2038.

*****

We reiterate our caution that accurately estimating the future growth of the Big Three is difficult, and actual outcomes might differ from those we have estimated above. The pace of Big Three growth over the next two decades could at some point accelerate (say, due to a tipping point being reached whereby most investors come to accept the logic of passive investing) or decelerate (say, due to remaining investors in active funds being especially resistant to this logic). However, the shift from active to index investments is expected to continue, and there are strong reasons to expect the Big Three will continue to dominate index investing. Furthermore, in evaluating where these developments can be expected to lead, recent trends provide the most relevant evidence and provide a useful basis for estimating future growth.

CONCLUSION

This Article has empirically examined the continuing steady growth of the Big Three and what it is likely to mean for our corporate governance system. We have analyzed the three drivers of the rise of the Big Three, including the structural factors that lead to the heavy concentration of the index funds sector. And we have documented the rise of the Big Three over the past decade and their large footprint in current ownership of public companies and in corporate voting.

Extrapolating from past trends, we have demonstrated the plausibility that the Big Three will grow into the Giant Three over the next two decades. In this Giant Three scenario the Big Three would dominate voting in most U.S. public companies, casting as much as 40% of the votes in S&P 500 companies on average. The clear message for policymakers from this analysis is that the Giant Three scenario, and the challenges it poses for the corporate governance landscape, should be taken seriously.

In particular, we wish to highlight one concern raised by the prospect of the Giant Three scenario. As we analyzed and documented in earlier work on index fund stewardship, the stewardship decisions of index funds in general, and the Big Three in particular, are afflicted by agency problems.[33] Of special concern with respect to the Giant Three scenario are the deference incentives that we identified. The Big Three—and their future Giant Three counterparts—can be expected to have substantial incentives to be excessively deferential to the corporate managers of their portfolio companies. If the Big Three were to grow into the Giant Three, these deference incentives would operate to weaken beneficial constraints on corporate managers.

Taking the Giant Three scenario seriously thus reinforces the importance of recognizing the agency problems of index fund managers. As our study of index fund stewardship has argued, those agency problems deserve the close attention of policymakers and market participants, and pose a key challenge for our corporate governance system.

---

[33] *See generally* Bebchuk, Cohen & Hirst, *supra* note 1; Bebchuk & Hirst, *supra* note 1.

［参考］ 既に公表した「金融商品取引法研究会（証券取引法研究会）研究記録」

74

第 13 号「敵対的買収に関する法規制」　　　　　　　　2006 年 5 月
　　　　　報告者　中東正文名古屋大学教授

第 14 号「証券アナリスト規制と強制情報開示・不公正取引規制」　2006 年 7 月
　　　　　報告者　戸田暁京都大学助教授

第 15 号「新会社法のもとでの株式買取請求権制度」　　2006 年 9 月
　　　　　報告者　藤田友敬東京大学教授

第 16 号「証券取引法改正に係る政令等について」　　　2006 年 12 月
　　　　　（ＴＯＢ、大量保有報告関係、内部統制報告関係）
　　　　　　　　報告者　池田唯一　金融庁総務企画局企業開示課長

第 17 号「間接保有証券に関するユニドロア条約策定作業の状況」　2007 年 5 月
　　　　　報告者　神田秀樹　東京大学大学院法学政治学研究科教授

第 18 号「金融商品取引法の政令・内閣府令について」　2007 年 6 月
　　　　　報告者　三井秀範　金融庁総務企画局市場課長

第 19 号「特定投資家・一般投資家について—自主規制業務を中心に—」　2007 年 9 月
　　　　　報告者　青木浩子　千葉大学大学院専門法務研究科教授

第 20 号「金融商品取引所について」　　　　　　　　　2007 年 10 月
　　　　　報告者　前田雅弘　京都大学大学院法学研究科教授

第 21 号「不公正取引について—村上ファンド事件を中心に—」　2008 年 1 月
　　　　　報告者　太田 洋 西村あさひ法律事務所パートナー・弁護士

第 22 号「大量保有報告制度」　　　　　　　　　　　　2008 年 3 月
　　　　　報告者　神作裕之　東京大学大学院法学政治学研究科教授

第 23 号「開示制度（Ⅰ）—企業再編成に係る開示制度および　2008 年 4 月
　　　　　集団投資スキーム持分等の開示制度—」
　　　　　　　　報告者　川口恭弘 同志社大学大学院法学研究科教授

第 24 号「開示制度（Ⅱ）—確認書、内部統制報告書、四半期報告書—」　2008 年 7 月
　　　　　報告者　戸田　暁　京都大学大学院法学研究科准教授

第 25 号「有価証券の範囲」　　　　　　　　　　　　　2008 年 7 月
　　　　　報告者　藤田友敬　東京大学大学院法学政治学研究科教授

第 26 号「民事責任規定・エンフォースメント」　　　　2008 年 10 月
　　　　　報告者　近藤光男　神戸大学大学院法学研究科教授

第 27 号「金融機関による説明義務・適合性の原則と金融商品販売法」2009 年 1 月
　　　　　報告者　山田剛志　新潟大学大学院実務法学研究科准教授

第 28 号「集団投資スキーム（ファンド）規制」　　　　2009 年 3 月
　　　　　報告者　中村聡 森・濱田松本法律事務所パートナー・弁護士

第 29 号「金融商品取引業の業規制」　　　　　　　　　　　　2009 年 4 月
　　　　　報告者　黒沼悦郎　早稲田大学大学院法務研究科教授

第 30 号「公開買付け制度」　　　　　　　　　　　　　　　　2009 年 7 月
　　　　　報告者　中東正文　名古屋大学大学院法学研究科教授

第 31 号「最近の金融商品取引法の改正について」　　　　　　2011 年 3 月
　　　　　報告者　藤本拓資　金融庁総務企画局市場課長

第 32 号「金融商品取引業における利益相反　　　　　　　　　2011 年 6 月
　　　　—利益相反管理体制の整備業務を中心として—」
　　　　　報告者　神作裕之　東京大学大学院法学政治学研究科教授

第 33 号「顧客との個別の取引条件における特別の利益提供に関する問題」2011 年 9 月
　　　　　報告者　青木浩子　千葉大学大学院専門法務研究科教授
　　　　　　　　　松本譲治　ＳＭＢＣ日興証券　法務部長

第 34 号「ライツ・オファリングの円滑な利用に向けた制度整備と課題」2011 年 11 月
　　　　　報告者　前田雅弘　京都大学大学院法学研究科教授

第 35 号「公開買付規制を巡る近時の諸問題」　　　　　　　　2012 年 2 月
　　　　　　報告者　太田 洋 西村あさひ法律事務所弁護士・NY州弁護士

第 36 号「格付会社への規制」　　　　　　　　　　　　　　　2012 年 6 月
　　　　　報告者　山田剛志　成城大学法学部教授

第 37 号「金商法第 6 章の不公正取引規制の体系」　　　　　　2012 年 7 月
　　　　　報告者　松尾直彦　東京大学大学院法学政治学研究科客員
　　　　　　　　　教授・西村あさひ法律事務所弁護士

第 38 号「キャッシュ・アウト法制」　　　　　　　　　　　　2012 年 10 月
　　　　　報告者　中東正文　名古屋大学大学院法学研究科教授

第 39 号「デリバティブに関する規制」　　　　　　　　　　　2012 年 11 月
　　　　　報告者　神田秀樹　東京大学大学院法学政治学研究科教授

第 40 号「米国 JOBS 法による証券規制の変革」　　　　　　　2013 年 1 月
　　　　　報告者　中村聡 森・濱田松本法律事務所パートナー・弁護士

第 41 号「金融商品取引法の役員の責任と会社法の役員の責任　2013 年 3 月
　　　　　—虚偽記載をめぐる役員の責任を中心に—」
　　　　　報告者　近藤光男　神戸大学大学院法学研究科教授

第 42 号「ドッド=フランク法における信用リスクの保持ルールについて」2013 年 4 月
　　　　　報告者　黒沼悦郎　早稲田大学大学院法務研究科教授

第 43 号「相場操縦の規制」　　　　　　　　　　　　　　　　2013 年 8 月
　　　　　報告者　藤田友敬　東京大学大学院法学政治学研究科教授

第 44 号「法人関係情報」　　　　　　　　　　　　　　　　2013 年 10 月
　　　　　報告者　川口恭弘　同志社大学大学院法学研究科教授
　　　　　　　　　平田公一　日本証券業協会常務執行役

第 45 号「最近の金融商品取引法の改正について」　　　　　2014 年 6 月
　　　　　報告者　藤本拓資　金融庁総務企画局企画課長

第 46 号「リテール顧客向けデリバティブ関連商品販売における民事責任　2014 年 9 月
　　　―「新規な説明義務」を中心として―」
　　　　　報告者　青木浩子　千葉大学大学院専門法務研究科教授

第 47 号「投資者保護基金制度」　　　　　　　　　　　　　2014 年 10 月
　　　　　報告者　神田秀樹　東京大学大学院法学政治学研究科教授

第 48 号「市場に対する詐欺に関する米国判例の動向について」2015 年 1 月
　　　　　報告者　黒沼悦郎　早稲田大学大学院法務研究科教授

第 49 号「継続開示義務者の範囲―アメリカ法を中心に―」　2015 年 3 月
　　　　　報告者　飯田秀総　神戸大学大学院法学研究科准教授

第 50 号「証券会社の破綻と投資者保護基金　　　　　　　　2015 年 5 月
　　　―金融商品取引法と預金保険法の交錯―」
　　　　　報告者　山田剛志　成城大学大学院法学研究科教授

第 51 号「インサイダー取引規制と自己株式」　　　　　　　2015 年 7 月
　　　　　報告者　前田雅弘　京都大学大学院法学研究科教授

第 52 号「金商法において利用されない制度と利用される制度の制限」2015 年 8 月
　　　　　報告者　松尾直彦　東京大学大学院法学政治学研究科
　　　　　　　　　　　　　　客員教授・弁護士

第 53 号「証券訴訟を巡る近時の諸問題　　　　　　　　　　2015 年 10 月
　　　―流通市場において不実開示を行った提出会社の責任を中心に―」
　　　　　報告者　太田 洋 西村あさひ法律事務所パートナー・弁護士

第 54 号「適合性の原則」　　　　　　　　　　　　　　　　2016 年 3 月
　　　　　報告者　川口恭弘　同志社大学大学院法学研究科教授

第 55 号「金商法の観点から見たコーポレートガバナンス・コード」2016 年 5 月
　　　　　報告者　神作裕之　東京大学大学院法学政治学研究科教授

第 56 号「ＥＵにおける投資型クラウドファンディング規制」2016 年 7 月
　　　　　報告者　松尾健一　大阪大学大学院法学研究科准教授

第 57 号「上場会社による種類株式の利用」　　　　　　　　2016 年 9 月
　　　　　報告者　加藤貴仁　東京大学大学院法学政治学研究科准教授

第58号「公開買付前置型キャッシュアウトにおける　　　　　2016年11月
　　　　価格決定請求と公正な対価」
　　　　　　　　報告者　藤田友敬　東京大学大学院法学政治学研究科教授

第59号「平成26年会社法改正後のキャッシュ・アウト法制」2017年1月
　　　　　　　　報告者　中東正文　名古屋大学大学院法学研究科教授

第60号「流通市場の投資家による発行会社に対する証券訴訟の実態」2017年3月
　　　　　　　　報告者　後藤　元　東京大学大学院法学政治学研究科准教授

第61号「米国における投資助言業者（investment adviser）　2017年5月
　　　　の負う信認義務」
　　　　　　　　報告者　萬澤陽子　専修大学法学部准教授・当研究所客員研究員

第62号「最近の金融商品取引法の改正について」　　　　　2018年2月
　　　　　　　　報告者　小森卓郎　金融庁総務企画局市場課長

第63号「監査報告書の見直し」　　　　　　　　　　　　　2018年3月
　　　　　　　　報告者　弥永真生　筑波大学ビジネスサイエンス系
　　　　　　　　　　　　　　　　　ビジネス科学研究科教授

第64号「フェア・ディスクロージャー・ルールについて」　2018年6月
　　　　　　　　報告者　大崎貞和　野村総合研究所未来創発センターフェロー

第65号「外国為替証拠金取引のレバレッジ規制」　　　　　2018年8月
　　　　　　　　報告者　飯田秀総　東京大学大学院法学政治学研究科准教授

第66号「一般的不公正取引規制に関する一考察」　　　　　2018年12月
　　　　　　　　報告者　松井秀征　立教大学法学部教授

第67号「仮想通貨・ＩＣＯに関する法規制・自主規制」　　2019年3月
　　　　　　　　報告者　河村賢治　立教大学大学院法務研究科教授

第68号「投資信託・投資法人関連法制に関する問題意識について」2019年5月
　　　　　　　　報告者　松尾直彦　東京大学大学院法学政治学研究科
　　　　　　　　　　　　　　　　　客員教授・弁護士

第69号「「政策保有株式」に関する開示規制の再構築について」2019年7月
　　　　　　　　報告者　加藤貴仁　東京大学大学院法学政治学研究科教授

第70号「複数議決権株式を用いた株主構造のコントロール」2019年11月
　　　　　　　　報告者　松井智予　上智大学大学院法学研究科教授

第71号「会社法・証券法における分散台帳の利用　　　　　2020年2月
　　　　　　　─デラウェア州会社法改正などを参考として」
　　　　　　　　報告者　小出　篤　学習院大学法学部教授

第72号「スチュワードシップコードの目的とその多様性」　2020年5月
　　　　　　　　報告者　後藤　元　東京大学大学院法学政治学研究科教授

金融商品取引法研究会研究記録　第 73 号

インデックスファンドとコーポレートガバナンス

令和 2 年 7 月 16 日

定価（本体 500 円＋税）

編　者　　金 融 商 品 取 引 法 研 究 会
発行者　　公益財団法人　日本証券経済研究所
　　　　　東京都中央区日本橋 2-11-2
　　　　　〒 103-0027
　　　　　電話　03（6225）2326 代表
　　　　　URL: http://www.jsri.or.jp

ISBN978-4-89032-689-1　C3032　¥500E